Immanuel Kant

Beantwortung der Frage:

Was ist Aufklärung?

und andere kleine Schriften

Immanuel Kant: Beantwortung der Frage: Was ist Aufklärung? und andere kleine Schriften

Beantwortung der Frage: Was ist Aufklärung?:
    Erstdruck in: Berlinische Monatsschrift, Dezember 1784, S. 481-494.
Was heißt: sich im Denken orientieren?:
    Erstdruck in: Berlinische Monatsschrift, Oktober 1786, S. 304-330.
Über ein vermeintes Recht aus Menschenliebe zu lügen:
    Erstdruck in: Berlinische Blätter, 1. Jg., 1797, S. 301-314.
Idee zu einer allgemeinen Geschichte in weltbürgerlicher Absicht:
    Erstdruck in: Berlinische Monatsschrift, November 1784, S. 385-411
Die falsche Spitzfindigkeit der vier syllogistischen Figuren:
    Erstdruck: Königsberg (Kanter) 1762.

Neuausgabe mit einer Biographie des Autors
Herausgegeben von Karl-Maria Guth
Berlin 2016

Der Text dieser Ausgabe folgt:
Immanuel Kant: Werke in zwölf Bänden. Herausgegeben von Wilhelm
Weischedel. Frankfurt am Main: Suhrkamp, 1977.

Die Paginierung obiger Ausgaben wird hier als Marginalie zeilengenau
mitgeführt.

Umschlaggestaltung von Thomas Schultz-Overhage

Gesetzt aus der Minion Pro, 11 pt

Verlag: Henricus - Edition Deutsche Klassik GmbH
Mörchinger Str. 33, 14169 Berlin, info@henricus-verlag.de
Druck: Libri Plureos GmbH, Friedensallee 273, 22763 Hamburg

Die Ausgaben der Sammlung Hofenberg basieren auf zuverlässigen
Textgrundlagen. Die Seitenkonkordanz zu anerkannten Studienausgaben
machen Hofenbergtexte auch in wissenschaftlichem Zusammenhang
zitierfähig.

ISBN 978-3-8430-9208-1

Bibliografische Information der Deutschen Nationalbibliothek

Die Deutsche Nationalbibliothek verzeichnet diese Publikation in der
Deutschen Nationalbibliografie; detaillierte bibliografische Daten sind
im Internet über www.dnb.de abrufbar.

Inhalt

Beantwortung der Frage:

Was ist Aufklärung?

Aufklärung ist der Ausgang des Menschen aus seiner selbst verschuldeten Unmündigkeit. Unmündigkeit ist das Unvermögen, sich seines Verstandes ohne Leitung eines anderen zu bedienen. *Selbstverschuldet* ist diese Unmündigkeit, wenn die Ursache derselben nicht am Mangel des Verstandes, sondern der Entschließung und des Mutes liegt, sich seiner ohne Leitung eines andern zu bedienen. Sapere aude! Habe Mut, dich deines *eigenen* Verstandes zu bedienen! ist also der Wahlspruch der Aufklärung.

Faulheit und Feigheit sind die Ursachen, warum ein so großer Teil der Menschen, nachdem sie die Natur längst von fremder Leitung frei gesprochen (naturaliter maiorennes), dennoch gerne zeitlebens unmündig bleiben; und warum es anderen so leicht wird, sich zu deren Vormündern aufzuwerfen. Es ist so bequem, unmündig zu sein. Habe ich ein Buch, das für mich Verstand hat, einen Seelsorger, der für mich Gewissen hat, einen Arzt, der für mich die Diät beurteilt, u.s.w.: so brauche ich mich ja nicht selbst zu bemühen. Ich habe nicht nötig zu denken, wenn ich nur bezahlen kann; andere werden das verdrießliche Geschäft schon für mich übernehmen. Daß der bei weitem größte Teil der Menschen (darunter das ganze schöne Geschlecht) den Schritt zur Mündigkeit, außer dem daß er beschwerlich ist, auch für sehr gefährlich halte: dafür sorgen schon jene Vormünder, die die Oberaufsicht über sie gütigst auf sich genommen haben. Nachdem sie ihr Hausvieh zuerst dumm gemacht haben, und sorgfältig verhüteten, daß diese ruhigen Geschöpfe ja keinen Schritt außer dem Gängelwagen, darin sie sie einsperreten, wagen durften: so zeigen sie ihnen nachher die Gefahr, die ihnen drohet, wenn sie es versuchen, allein zu gehen. Nun ist diese Gefahr zwar eben so groß nicht, denn sie würden durch einigemal Fallen wohl endlich gehen lernen; allein ein Beispiel von der Art macht doch schüchtern, und schreckt gemeiniglich von allen ferneren Versuchen ab.

Es ist also für jeden einzelnen Menschen schwer, sich aus der ihm beinahe zur Natur gewordenen Unmündigkeit herauszuarbeiten. Er hat sie sogar lieb gewonnen, und ist vor der Hand wirklich unfähig, sich seines eigenen Verstandes zu bedienen, weil man ihn niemals den Versuch davon machen ließ. Satzungen und Formeln, diese mechanischen Werkzeuge eines vernünftigen Gebrauchs oder vielmehr Mißbrauchs seiner Naturgaben, sind die Fußschellen einer immerwährenden Unmündigkeit. Wer sie auch abwürfe, würde dennoch auch über den schmalesten Graben einen nur unsicheren Sprung tun, weil er zu dergleichen freier Bewegung nicht gewöhnt ist. Daher gibt es nur wenige, denen es gelungen ist, durch eigene Bearbeitung ihres Geistes sich aus der Unmündigkeit heraus zu wickeln, und dennoch einen sicheren Gang zu tun.

Daß aber ein Publikum sich selbst aufkläre, ist eher möglich; ja es ist, wenn man ihm nur Freiheit läßt, beinahe unausbleiblich. Denn da werden sich immer einige Selbstdenkende, sogar unter den eingesetzten Vormündern des großen Haufens, finden, welche, nachdem sie das Joch der Unmündigkeit selbst abgeworfen haben, den Geist einer vernünftigen Schätzung des eigenen Werts und des Berufs jedes Menschen, selbst zu denken, um sich verbreiten werden. Besonders ist hiebei: daß das Publikum, welches zuvor von ihnen unter dieses Joch gebracht worden, sie hernach selbst zwingt, darunter zu bleiben, wenn es von einigen seiner Vormünder, die selbst aller Aufklärung unfähig sind, dazu aufgewiegelt worden; so schädlich ist es, Vorurteile zu pflanzen, weil sie sich zuletzt an denen selbst rächen, die, oder deren Vorgänger, ihre Urheber gewesen sind. Daher kann ein Publikum nur langsam zur Aufklärung gelangen. Durch eine Revolution wird vielleicht wohl ein Abfall von persönlichem Despotism und gewinnsüchtiger oder herrschsüchtiger Bedrückung, aber niemals wahre Reform der Denkungsart zu Stande kommen; sondern neue Vorurteile werden, eben sowohl als die alten, zum Leitbande des gedankenlosen großen Haufens dienen.

Zu dieser Aufklärung aber wird nichts erfordert als *Freiheit*; und zwar die unschädlichste unter allem, was nur Freiheit heißen mag, nämlich die: von seiner Vernunft in allen Stücken *öffentlichen Gebrauch* zu machen. Nun höre ich aber von allen Seiten rufen: *räsonniert nicht!* Der Offizier sagt: räsonniert nicht, sondern exerziert! Der Finanzrat: räsonniert nicht, sondern bezahlt! Der Geistliche: räsonniert nicht, sondern glaubt! (Nur ein einziger Herr in der Welt sagt: *räsonniert, so viel ihr wollt, und worüber ihr wollt; aber gehorcht!*) Hier ist überall Einschränkung der Freiheit. Welche Einschränkung aber ist der Aufklärung hinderlich? welche nicht, sondern ihr wohl gar beförderlich? – Ich antworte: der *öffentliche* Gebrauch seiner Vernunft muß jederzeit frei sein, und der allein kann Aufklärung unter Menschen zu Stande bringen; der *Privatgebrauch* derselben aber darf öfters sehr enge eingeschränkt sein, ohne doch darum den Fortschritt der Aufklärung sonderlich zu hindern. Ich verstehe aber unter dem öffentlichen Gebrauche seiner eigenen Vernunft denjenigen, den jemand *als Gelehrter* von ihr vor dem ganzen Publikum der *Leserwelt* macht. Den Privatgebrauch nenne ich denjenigen, den er in einem gewissen ihm anvertrauten *bürgerlichen Posten*, oder Amte, von seiner Vernunft machen darf. Nun ist zu manchen Geschäften, die in das Interesse des gemeinen Wesens laufen, ein gewisser Mechanismus notwendig, vermittelst dessen einige Glieder des gemeinen Wesens sich bloß passiv verhalten müssen, um durch eine künstliche Einhelligkeit von der Regierung zu öffentlichen Zwecken gerichtet, oder wenigstens von der Zerstörung dieser Zwecke abgehalten zu werden. Hier ist es nun freilich nicht erlaubt, zu räsonnieren; sondern man muß gehorchen. So fern sich aber dieser Teil der Maschine zugleich als Glied eines ganzen gemeinen Wesens, ja sogar der Weltbürgergesellschaft ansieht, mithin in der Qualität eines Gelehrten, der sich an ein Publikum im eigentlichen Verstande durch Schriften wendet: kann er allerdings räsonnieren, ohne daß dadurch die Geschäfte leiden, zu denen er zum Teile als passives Glied angesetzt ist. So würde es sehr verderblich sein, wenn ein Offizier, dem von seinen Oberen etwas anbefohlen wird, im Dienste über die Zweckmäßigkeit oder Nützlichkeit dieses Befehls laut vernünfteln wollte; er muß gehorchen. Es kann ihm aber billigermaßen nicht verwehrt werden, als Gelehrter, über die Fehler im Kriegsdienste Anmerkungen zu machen, und diese seinem Publikum zur Beurteilung vorzulegen. Der Bürger kann sich nicht weigern, die ihm auferlegten Abgaben zu leisten; sogar kann ein vorwitziger Tadel solcher Auflagen, wenn sie von ihm geleistet werden sollen, als ein Skandal (das allgemeine Widersetzlichkeiten veranlassen könnte) bestraft werden. Eben derselbe handelt demohnangeachtet der Pflicht eines Bürgers nicht entgegen, wenn er, als Gelehrter, wider die Unschicklichkeit oder auch Ungerechtigkeit solcher Ausschreibungen öffentlich seine Gedanken äußert. Eben so ist ein Geistlicher verbunden, seinen Katechismusschülern und seiner Gemeine nach dem Symbol der Kirche, der er dient, seinen Vortrag zu tun; denn er ist auf diese Bedingung angenommen worden. Aber als Gelehrter hat er volle Freiheit, ja sogar den Beruf dazu, alle seine sorgfältig geprüften und wohlmeinenden Gedanken über das Fehlerhafte in jenem Symbol, und Vorschläge wegen besserer Einrichtung des Religions- und Kirchenwesens, dem Publikum mitzuteilen. Es ist hiebei auch nichts, was dem Gewissen zur Last gelegt werden könnte. Denn, was er zu Folge seines Amts, als Geschäftträger der Kirche, lehrt, das stellt er als etwas vor, in Ansehung dessen er nicht freie Gewalt hat, nach eigenem Gutdünken zu lehren, sondern das er nach Vorschrift und im Namen eines andern vorzutragen angestellt ist. Er wird sagen: unsere Kirche lehrt dieses oder jenes; das sind die Beweisgründe, deren sie sich bedient. Er zieht alsdann allen praktischen Nutzen für seine Gemeinde aus Satzungen, die er selbst nicht mit voller Überzeugung unterschreiben würde, zu deren Vortrag er sich gleichwohl anheischig machen kann, weil es doch nicht ganz unmöglich ist, daß darin Wahrheit verborgen läge, auf alle Fälle aber wenigstens doch nichts der innern Religion Widersprechendes darin angetroffen wird. Denn glaubte er das letztere darin zu finden, so würde er sein Amt mit Gewissen nicht verwalten können; er müßte es niederlegen. Der Gebrauch also, den ein angestellter Lehrer von seiner Vernunft vor seiner Gemeinde macht, ist bloß ein *Privatgebrauch*; weil diese immer nur eine häusliche, obzwar noch so große, Versammlung ist; und in Ansehung dessen ist er, als Priester, nicht frei, und darf es auch nicht sein, weil er einen fremden Auftrag ausrichtet. Dagegen als Gelehrter, der durch Schriften zum eigentlichen Publikum, nämlich der Welt, spricht, mithin der Geistliche im *öffentlichen Gebrauche* seiner Vernunft, genießt einer uneingeschränkten Freiheit, sich seiner eigenen Vernunft zu bedienen und in seiner eigenen Person zu sprechen. Denn daß die Vormünder des Volks (in geistlichen Dingen) selbst wieder unmündig sein sollen, ist eine Ungereimtheit, die auf Verewigung der Ungereimtheiten hinausläuft.

Aber sollte nicht eine Gesellschaft von Geistlichen, etwa eine Kirchenversammlung, oder eine ehrwürdige Classis (wie sie sich unter den Holländern selbst nennt) berechtigt ein, sich eidlich unter einander auf ein gewisses unveränderliches Symbol zu verpflichten, um so eine unaufhörliche Obervormundschaft über jedes ihrer Glieder und vermittelst ihrer über das Volk zu führen, und diese sogar zu verewigen? Ich sage: das ist ganz unmöglich. Ein solcher Kontrakt, der auf immer alle weitere Aufklärung vom Menschengeschlechte abzuhalten geschlossen würde, ist schlechterdings null und nichtig; und sollte er auch durch die oberste Gewalt, durch Reichstäge und die feierlichsten Friedensschlüsse bestätigt sein. Ein Zeitalter kann sich nicht verbünden und darauf verschwören, das folgende in einen Zustand zu setzen, darin es ihm unmöglich werden muß, seine (vornehmlich so sehr angelegentliche) Erkenntnisse zu erweitern, von Irrtümern zu reinigen, und überhaupt in der Aufklärung weiter zu schreiten. Das wäre ein Verbrechen wider die menschliche Natur, deren ursprüngliche Bestimmung gerade in diesem Fortschreiten besteht; und die Nachkommen sind also vollkommen dazu berechtigt, jene Beschlüsse, als unbefugter und frevelhafter Weise genommen, zu verwerfen. Der Probierstein alles dessen, was über ein Volk als Gesetz beschlossen werden kann, liegt in der Frage: ob ein Volk sich selbst wohl ein solches Gesetz auferlegen könnte? Nun wäre dieses wohl, gleichsam in der Erwartung eines bessern, auf eine bestimmte kurze Zeit möglich, um eine gewisse Ordnung einzuführen; indem man es zugleich jedem der Bürger, vornehmlich dem Geistlichen, frei ließe, in der Qualität eines Gelehrten öffentlich, d.i. durch Schriften, über das Fehlerhafte der dermaligen Einrichtung seine Anmerkungen zu machen, indessen die eingeführte Ordnung noch immer fortdauerte, bis die Einsicht in die Beschaffenheit dieser Sachen öffentlich so weit gekommen und bewähret worden, daß sie durch Vereinigung ihrer Stimmen (wenn gleich nicht aller) einen Vorschlag vor den Thron bringen könnte, um diejenigen Gemeinden in Schutz zu nehmen, die sich etwa nach ihren Begriffen der besseren Einsicht zu einer veränderten Religionseinrichtung geeinigt hätten, ohne doch diejenigen zu hindern, die es beim Alten wollten bewenden lassen. Aber auf eine beharrliche, von niemanden öffentlich zu bezweifelnde Religionsverfassung, auch nur binnen der Lebensdauer eines Menschen, sich zu einigen, und dadurch einen Zeitraum in dem Fortgange der Menschheit zur Verbesserung gleichsam zu vernichten, und fruchtlos, dadurch aber wohl gar der Nachkommenschaft nachteilig, zu machen, ist schlechterdings unerlaubt. Ein Mensch kann zwar für seine Person, und auch alsdann nur auf einige Zeit, in dem, was ihm zu wissen obliegt, die Aufklärung aufschieben; aber auf sie Verzicht zu tun, es sei für seine Person, mehr aber noch für die Nachkommenschaft, heißt die heiligen Rechte der Menschheit verletzen und mit Füßen treten. Was aber nicht einmal ein Volk über sich selbst beschließen darf, das darf noch weniger ein Monarch über das Volk beschließen; denn sein gesetzgebendes Ansehen beruht eben darauf, daß er den gesamten Volkswillen in dem seinigen vereinigt. Wenn er nur darauf sieht, daß alle wahre oder vermeinte Verbesserung mit der bürgerlichen Ordnung zusammen bestehe: so kann er seine Untertanen übrigens nur selbst machen lassen, was sie um ihres Seelenheils willen zu tun nötig finden; das geht ihn nichts an, wohl aber zu verhüten, daß nicht einer den andern gewalttätig hindere, an der Bestimmung und Beförderung desselben nach allem seinen Vermögen zu arbeiten. Es tut selbst seiner Majestät Abbruch, wenn er sich hierin mischt, indem er die Schriften, wodurch seine Untertanen ihre Einsichten ins reine zu bringen suchen, seiner Regierungsaufsicht würdigt, sowohl wenn er dieses aus eigener höchsten Einsicht tut, wo er sich dem Vorwurfe aussetzt: Caesar non est supra grammaticos, als auch und noch weit mehr, wenn er seine oberste Gewalt so weit erniedrigt, den geistlichen Despotism einiger Tyrannen in seinem Staate gegen seine übrigen Untertanen zu unterstützen.

Wenn denn nun gefragt wird: Leben wir jetzt in einem *aufgeklärten* Zeitalter? so ist die Antwort: Nein, aber wohl in einem Zeitalter der *Aufklärung*. Daß die Menschen, wie die Sachen jetzt stehen, im ganzen genommen, schon im Stande wären, oder darin auch nur gesetzt werden könnten, in Religionsdingen sich ihres eigenen Verstandes ohne Leitung eines andern sicher und gut zu bedienen, daran fehlt noch sehr viel. Allein, daß jetzt ihnen doch das Feld geöffnet wird, sich dahin frei zu bearbeiten, und die Hindernisse der allgemeinen Aufklärung, oder des Ausganges aus ihrer selbst verschuldeten Unmündigkeit, allmählich weniger werden, davon haben wir doch deutliche Anzeigen. In diesem Betracht ist dieses Zeitalter das Zeitalter der Aufklärung, oder das Jahrhundert *Friederichs*.

Ein Fürst, der es seiner nicht unwürdig findet, zu sagen: daß er es für *Pflicht* halte, in Religionsdingen den Menschen nichts vorzuschreiben, sondern ihnen darin volle Freiheit zu lassen, der also selbst den hochmütigen Namen der *Toleranz* von sich ablehnt: ist selbst aufgeklärt, und verdient von der dankbaren Welt und Nachwelt als derjenige gepriesen zu werden, der zuerst das menschliche Geschlecht der Unmündigkeit, wenigstens von Seiten der Regierung, entschlug, und jedem frei ließ, sich in allem, was Gewissensangelegenheit ist, seiner eigenen Vernunft zu bedienen. Unter ihm dürfen verehrungswürdige Geistliche, unbeschadet ihrer Amtspflicht, ihre vom angenommenen Symbol hier oder da abweichenden Urteile und Einsichten, in der Qualität der Gelehrten, frei und öffentlich der Welt zur Prüfung darlegen; noch mehr aber jeder andere, der durch keine Amtspflicht eingeschränkt ist. Dieser Geist der Freiheit breitet sich auch außerhalb aus, selbst da, wo er mit äußeren Hindernissen einer sich selbst mißverstehenden Regierung zu ringen hat. Denn es leuchtet dieser doch ein Beispiel vor, daß bei Freiheit, für die öffentliche Ruhe und Einigkeit des gemeinen Wesens nicht das mindeste zu besorgen sei. Die Menschen arbeiten sich von selbst nach und nach aus der Rohigkeit heraus, wenn man nur nicht absichtlich künstelt, um sie darin zu erhalten.

Ich habe den Hauptpunkt der Aufklärung, die des Ausganges der Menschen aus ihrer selbst verschuldeten Unmündigkeit, vorzüglich in *Religionssachen* gesetzt: weil in Ansehung der Künste und Wissenschaften unsere Beherrscher kein Interesse haben, den Vormund über ihre Untertanen zu spielen; überdem auch jene Unmündigkeit, so wie die schädlichste, also auch die entehrendste unter allen ist. Aber die Denkungsart eines Staatsoberhaupts, der die erstere begünstigt, geht noch weiter, und sieht ein: daß selbst in Ansehung seiner *Gesetzgebung* es ohne Gefahr sei, seinen Untertanen zu erlauben, von ihrer eigenen Vernunft *öffentlichen* öffentlichen Gebrauch zu machen, und ihre Gedanken über eine bessere Abfassung derselben, sogar mit einer freimütigen Kritik der schon gegebenen, der Welt öffentlich vorzulegen; davon wir ein glänzendes Beispiel haben, wodurch noch kein Monarch demjenigen vorging, welchen wir verehren.

60

Aber auch nur derjenige, der, selbst aufgeklärt, sich nicht vor Schatten fürchtet, zugleich aber ein wohldiszipliniertes zahlreiches Heer zum Bürgen der öffentlichen Ruhe zur Hand hat, – kann das sagen, was ein Freistaat nicht wagen darf: *räsonniert, so viel ihr wollt, und worüber ihr wollt; nur gehorcht!* So zeigt sich hier ein befremdlicher nicht erwarteter Gang menschlicher Dinge; so wie auch sonst, wenn man ihn im großen betrachtet, darin fast alles paradox ist. Ein größerer Grad bürgerlicher Freiheit scheint der Freiheit des *Geistes* des Volks vorteilhaft, und setzt ihr doch unübersteigliche Schranken; ein Grad weniger von jener verschafft hingegen diesem Raum, sich nach allem seinen Vermögen auszubreiten. Wenn denn die Natur unter dieser harten Hülle den Keim, für den sie am zärtlichsten sorgt, nämlich den Hang und Beruf zum *freien Denken*, ausgewickelt hat: so wirkt dieser allmählich zurück auf die Sinnesart des Volks (wodurch dieses der

Freiheit zu handeln nach und nach fähiger wird), und endlich auch sogar auf die Grundsätze der *Regierung*, die es ihr selbst zuträglich findet, den Menschen, der nun *mehr als Maschine* ist, seiner Würde gemäß zu behandeln.[1]

Königsberg in Preußen, den 30. Septemb. 1784.

I. Kant.

---

1 In den *Büschingschen* wöchentlichen Nachrichten vom 13. Sept. lese ich heute den 30sten eben dess. die Anzeige der Berlinischen Monatsschrift von diesem Monat, worin des Herrn *Mendelssohn* Beantwortung eben derselben Frage angeführt wird. Mir ist sie noch nicht zu Händen gekommen; sonst würde sie die gegenwärtige zurückgehalten haben, die jetzt nur zum Versuche da stehen mag, wiefern der Zufall Einstimmigkeit der Gedanken zuwege bringen könne.

Was heißt: sich im Denken orientieren?

Wir mögen unsre Begriffe noch so hoch anlegen, und dabei noch so sehr von der Sinnlichkeit abstrahieren, so hängen ihnen doch noch immer *bildliche* Vorstellungen an, deren eigentliche Bestimmung es ist, sie, die sonst nicht von der Erfahrung abgeleitet sind, zum *Erfahrungsgebrauche* tauglich zu machen. Denn wie wollten wir auch unseren Begriffen Sinn und Bedeutung verschaffen, wenn ihnen nicht irgend eine Anschauung (welche zuletzt immer ein Beispiel aus irgend einer möglichen Erfahrung sein muß) untergelegt würde? Wenn wir hernach von dieser konkreten Verstandeshandlung die Beimischung des Bildes, zuerst der zufälligen Wahrnehmung durch Sinne, dann so gar die reine sinnliche Anschauung überhaupt, weglassen: so bleibt jener reine Verstandesbegriff übrig, dessen Umfang nun erweitert ist, und eine Regel des Denkens überhaupt enthält. Auf solche Weise ist selbst die allgemeine Logik zu Stande gekommen; und manche *heuristische* Methode zu denken liegt in dem Erfahrungsgebrauche unseres Verstandes und der Vernunft vielleicht noch verborgen, welche, wenn wir sie behutsam aus jener Erfahrung herauszuziehen verständen, die Philosophie wohl mit mancher nützlichen Maxime, selbst im abstrakten Denken, bereichern könnte.

Von dieser Art ist der Grundsatz, zu dem der sel. *Mendelssohn*, so viel ich weiß, nur in seinen letzten Schriften (den *Morgenstunden* S. 165-66, und dem Briefe an *Lessings Freunde* S. 33 und 67) sich ausdrücklich bekannte; nämlich die Maxime der Notwendigkeit, im spekulativen Gebrauche der Vernunft (welchem er sonst in Ansehung der Erkenntnis übersinnlicher Gegenstände sehr viel, so gar bis zur Evidenz der Demonstration, zutraute) durch ein gewisses Leitungsmittel, welches er bald den *Gemeinsinn* (Morgenstunden), bald die *gesunde Vernunft*, bald den *schlichten Menschenverstand* (an Lessings Freunde) nannte, sich zu *orientieren*. Wer hätte denken sollen, daß dieses Geständnis nicht allein seiner vorteilhaften Meinung von der Macht des *spekulativen* Vernunftgebrauchs in Sachen der Theologie so verderblich werden sollte (welches in der Tat unvermeidlich war); sondern daß selbst die gemeine gesunde Vernunft bei der Zweideutigkeit, worin er die Ausübung dieses Vermögens im Gegensatze mit der Spekulation ließ, in Gefahr geraten würde, zum Grundsatze der Schwärmerei und der gänzlichen Entthronung der Vernunft zu dienen? Und doch geschah dieses in der *Mendelssohn*– und *Jacobi*schen Streitigkeit, vornehmlich durch die nicht unbedeutenden Schlüsse des scharfsinnigen Verfassers der *Resultate*;[1] wiewohl ich keinem von beiden die Absicht, eine so verderbliche Denkungsart in Gang zu bringen, beilegen will, sondern des letzteren Unternehmung lieber als argumentum ad hominem ansehe, dessen man sich zur bloßen Gegenwehr zu bedienen wohl berechtigt ist, um die Blöße, die der Gegner gibt, zu dessen Nachteil zu benutzen. Andererseits werde ich zeigen: daß es in der Tat bloß die Vernunft, nicht ein vorgeblicher geheimer Wahrheitssinn, keine überschwengliche Anschauung unter dem Namen des Glaubens, worauf Tradition oder Offenbarung, ohne Einstimmung der Vernunft, gepfropft werden kann, sondern, wie Mendelssohn standhaft und mit gerechtem Eifer behauptete, bloß die eigentliche reine Menschenvernunft sei, wodurch er es nötig fand und anpries sich zu orientieren; ob zwar freilich hiebei der hohe Anspruch des spekulativen Vermögens derselben, vornehmlich ihr allein gebietendes Ansehen (durch Demonstration), wegfallen, und ihr, so fern sie spekulativ ist, nichts weiter, als das Geschäft der Reinigung des gemeinen Vernunftbegriffs von Widersprüchen, und die Verteidigung gegen *ihre eigenen* sophistischen Angriffe auf die Maximen einer gesunden Vernunft, übrig gelassen werden muß. – Der erweiterte und genauer bestimmte Begriff des *Sich-Orientierens* kann uns behülflich sein, die Maxime der gesunden Vernunft, in ihren Bearbeitungen zur Erkenntnis übersinnlicher Gegenstände, deutlich darzustellen.

Sich *orientieren* heißt, in der eigentlichen Bedeutung des Worts: aus einer gegebenen Weltgegend (in deren vier wir den Horizont einteilen) die übrigen, namentlich den *Aufgang* zu finden. Sehe ich nun die Sonne am Himmel, und weiß, daß es nun die Mittagszeit ist, so weiß ich Süden, Westen, Norden und Osten zu finden. Zu diesem Behuf bedarf ich aber durchaus das Gefühl eines Unterschiedes an meinem eigenen *Subjekt*, nämlich der rechten und linken Hand. Ich nenne es ein *Gefühl*; weil diese zwei Seiten äußerlich in der Anschauung keinen

268

---

1   Jacobi, Briefe über die Lehre des Spinoza. Breslau 1785. – Jacobi, Wider Mendelssohns Beschuldigung, betreffend die Briefe über die Lehre des Spinoza. Leipzig 1786. – Die *Resultate* der Jacobischen und Mendelssohnschen Philosophie, kritisch untersucht von einem Freiwilligen. Ebendas.

merklichen Unterschied zeigen. Ohne dieses Vermögen: in der Beschreibung eines Zirkels, ohne an ihm irgend eine Verschiedenheit der Gegenstände zu bedürfen, doch die Bewegung von der Linken zur Rechten von der in entgegengesetzter Richtung zu unterscheiden, und dadurch eine Verschiedenheit in der Lage der Gegenstände a priori zu bestimmen, würde ich nicht wissen, ob ich Westen dem Südpunkte des Horizonts zur Rechten oder zur Linken setzen, und so den Kreis durch Norden und Osten bis wieder zu Süden vollenden sollte. Also orientiere ich mich *geographisch* bei allen objektiven Datis am Himmel doch nur durch einen *subjektiven* Unterscheidungsgrund; und, wenn in einem Tage durch ein Wunder alle Sternbilder zwar übrigens dieselbe Gestalt und eben dieselbe Stellung gegen einander behielten, nur daß die Richtung derselben, die sonst östlich war, jetzt westlich geworden wäre, so würde in der nächsten sternhellen Nacht zwar kein menschliches Auge die geringste Veränderung bemerken, und selbst der Astronom, wenn er bloß auf das was er sieht und nicht zugleich was er fühlt Acht gäbe, würde sich unvermeidlich *desorientieren*. So aber kömmt ihm ganz natürlich das zwar durch die Natur angelegte, aber durch öftere Ausübung gewohnte Unterscheidungsvermögen durchs Gefühl der rechten und linken Hand zu Hülfe; und er wird, wenn er nur den Polarstern ins Auge nimmt, nicht allein die vorgegangene Veränderung bemerken, sondern sich auch ungeachtet derselben *orientieren* können.

Diesen geographischen Begriff des Verfahrens sich zu orientieren kann ich nun erweitern, und darunter verstehen: sich in einem gegebenen Raum überhaupt, mithin bloß *mathematisch*, orientieren. Im Finstern orientiere ich mich in einem mir bekannten Zimmer, wenn ich nur einen einzigen Gegenstand, dessen Stelle ich im Gedächtnis habe, anfassen kann. Aber hier hilft mir offenbar nichts als das Bestimmungsvermögen der Lagen nach einem *subjektiven* Unterscheidungsgrunde: denn die Objekte, deren Stelle ich finden soll, sehe ich gar nicht; und, hätte jemand mir zum Spaße alle Gegenstände zwar in derselben Ordnung unter einander, aber links gesetzt, was vorher rechts war, so würde ich mich in einem Zimmer, wo sonst alle Wände ganz gleich wären, gar nicht finden können. So aber orientiere ich mich bald durch das bloße Gefühl eines Unterschiedes meiner zwei Seiten, der rechten und der linken. Eben das geschieht, wenn ich zur Nachtzeit auf mir sonst bekannten Straßen, in denen ich jetzt kein Haus unterscheide, gehen und mich gehörig wenden soll.

Endlich kann ich diesen Begriff noch mehr erweitern, da er denn in dem Vermögen bestände, sich nicht bloß im Räume, d. i. mathematisch, sondern überhaupt im *Denken*, d. i. *logisch* zu orientieren. Man kann nach der Analogie leicht erraten, daß dieses ein Geschäft der reinen Vernunft sein werde, ihren Gebrauch zu lenken, wenn sie von bekannten Gegenständen (der Erfahrung) ausgehend sich über alle Grenzen der Erfahrung erweitern will, und ganz und gar kein Objekt der Anschauung, sondern bloß Raum für dieselbe findet; da sie alsdann gar nicht mehr im Stande ist, nach objektiven Gründen der Erkenntnis, sondern lediglich nach einem subjektiven Unterscheidungsgrunde, in der Bestimmung ihres eigenen Urteilvermögens, ihre Urteile unter eine bestimmte Maxime zu bringen.[2] Dies subjektive Mittel, das alsdann noch übrig bleibt, ist kein anderes, als das Gefühl des der Vernunft eigenen *Bedürfnisses*. Man kann vor allem Irrtum gesichert bleiben, wenn man sich da nicht unterfängt zu urteilen, wo man nicht so viel weiß, als zu einem bestimmenden Urteile erforderlich ist. Also ist Unwissenheit an sich die Ursache zwar der Schranken, aber nicht der Irrtümer in unserer Erkenntnis. Aber, wo es nicht so willkürlich ist, ob man über etwas bestimmt urteilen wolle oder nicht, wo ein wirkliches *Bedürfnis* und wohl gar ein solches, welches der Vernunft an sich selbst anhängt, das Urteilen notwendig macht; und gleichwohl Mangel des Wissens in Ansehung der zum Urteil erforderlichen Stücke uns einschränkt: da ist eine Maxime nötig, wornach wir unser Urteil fällen; denn die Vernunft will einmal befriedigt sein. Wenn denn vorher schon ausgemacht ist, daß es hier keine Anschauung vom Objekte, nicht einmal etwas mit diesem Gleichartiges geben könne, wodurch wir unseren erweiterten Begriffen den ihnen angemessenen Gegenstand darstellen, und diese also ihrer realen Möglichkeit wegen sichern könnten: so wird für uns nichts weiter zu tun übrig sein, als: zuerst den Begriff, mit welchem wir uns über alle mögliche Erfahrung hinaus wagen wollen, wohl zu prüfen, ob er auch von Widersprüchen frei sei; und dann wenigstens das *Verhältnis* des Gegenstandes zu den Gegenständen der Erfahrung unter reine Verstandesbegriffe zu bringen, wodurch wir ihn noch gar nicht versinnlichen, aber doch etwas Übersinnliches,

---

2 Sich im Denken überhaupt *orientieren* heißt also: sich, bei der Unzulänglichkeit der objektiven Prinzipien der Vernunft, im Fürwahrhalten nach einem subjektiven Prinzip derselben bestimmen.

wenigstens tauglich zum Erfahrungsgebrauche unserer Vernunft, denken; denn ohne diese Vorsicht würden wir von einem solchen Begriffe gar keinen Gebrauch machen können, sondern schwärmen anstatt zu denken.

Allein hiedurch, nämlich durch den bloßen Begriff, ist doch noch nichts in Ansehung der Existenz dieses Gegenstandes und der wirklichen Verknüpfung desselben mit der Welt (dem Inbegriffe aller Gegenstände möglicher Erfahrung) ausgerichtet. Nun aber tritt *das Recht des Bedürfnisses* der Vernunft ein, als eines subjektiven Grundes, etwas vorauszusetzen und anzunehmen, was sie durch objektive Gründe zu wissen sich nicht anmaßen darf; und folglich sich im Denken, im unermeßlichen und für uns mit dicker Nacht erfülleten Raume des Übersinnlichen, lediglich durch ihr eigenes Bedürfnis zu *orientieren*.

Es läßt sich manches Übersinnliche denken (denn Gegenstände der Sinne füllen doch nicht das ganze Feld aller Möglichkeit aus), wo die Vernunft gleichwohl kein Bedürfnis fühlt, sich bis zu demselben zu erweitern, viel weniger, dessen Dasein anzunehmen. Die Vernunft findet an denen Ursachen in der Welt, welche sich den Sinnen offenbaren (oder wenigstens von derselben Art sind, als die, so sich ihnen offenbaren), Beschäftigung genug, um noch den Einfluß reiner geistiger Naturwesen zu deren Behuf nötig zu haben; deren Annehmung vielmehr ihrem Gebrauche nachteilig sein würde. Denn, da wir von den Gesetzen, nach welchen solche Wesen würken mögen, nichts, von jenen aber, nämlich den Gegenständen der Sinne, vieles wissen, wenigstens noch zu erfahren hoffen können: so würde durch solche Voraussetzung dem Gebrauche der Vernunft vielmehr Abbruch geschehen. Es ist also gar kein Bedürfnis, es ist vielmehr bloßer Vorwitz, der auf nichts als Träumerei ausläuft, darnach zu forschen, oder mit Hirngespinsten der Art zu spielen. Ganz anders ist es mit dem Begriffe von einem ersten *Urwesen*, als oberster Intelligenz und zugleich als dem höchsten Gute, bewandt. Denn nicht allein, daß unsere Vernunft schon ein Bedürfnis fühlt, den *Begriff* des Uneingeschränkten dem Begriffe alles Eingeschränkten, mithin aller anderen Dinge[3], zum Grunde zu legen: so

3   Da die Vernunft zur Möglichkeit aller Dinge Realität als gegeben vorauszusetzen bedarf, und die Verschiedenheit der Dinge durch ihnen anhängende Negationen nur als Schranken betrachtet: so sieht sie sich genötigt, eine einzige Möglichkeit, nämlich die des uneingeschränkten Wesens als ursprünglich zum Grunde zu legen, alle anderen aber als abgeleitet zu

geht dieses Bedürfnis auch auf die Voraussetzung des *Daseins* desselben, ohne welche sie sich von der Zufälligkeit der Existenz der Dinge in der Welt, am wenigsten aber von der Zweckmäßigkeit und Ordnung, die man in so bewunderungswürdigem Grade (im Kleinen, weil es uns nahe ist, noch mehr, wie im Großen) allenthalben antrifft, gar keinen

betrachten. Da auch die durchgängige Möglichkeit eines jeden Dinges durchaus im Ganzen aller Existenz angetroffen werden muß, wenigstens der Grundsatz der durchgängigen Bestimmung die Unterscheidung des Möglichen vom Wirklichen unserer Vernunft nur auf solche Art möglich macht: so finden wir einen subjektiven Grund der Notwendigkeit, d. i. ein Bedürfnis unserer Vernunft selbst, aller Möglichkeit das Dasein eines allerrealesten (höchsten) Wesens zum Grunde zu legen. So entspringt nun der *Cartesianische* Beweis vom Dasein Gottes; indem subjektive Gründe, etwas für den Gebrauch der Vernunft (der im Grunde immer nur ein Erfahrungsgebrauch bleibt) voraus zu setzen, für objektiv – mithin *Bedürfnis* für *Einsicht* – gehalten werden. So ist es mit diesem, so ist es mit allen Beweisen des würdigen *Mendelssohn* in seinen Morgenstunden bewandt. Sie leisten nichts zum Behuf einer Demonstration. Darum sind sie aber keinesweges unnütz. Denn nicht zu erwähnen, welchen schönen Anlaß diese überaus scharfsinnigen Entwickelungen der subjektiven Bedingungen des Gebrauchs unserer Vernunft zu der vollständigen Erkenntnis dieses unsers Vermögens geben, als zu welchem Behuf sie bleibende Beispiele sind: so ist das Fürwahrhalten aus subjektiven Gründen des Gebrauchs der Vernunft, wenn uns objektive mangeln und wir dennoch zu urteilen genötigt sind, immer noch von großer Wichtigkeit; nur müssen wir das, was nur abgenötigte *Voraussetzung* ist, nicht für *freie Einsicht* ausgeben, um dem Gegner, mit dem wir uns aufs *Dogmatisieren* eingelassen haben, nicht ohne Not Schwächen darzubieten, deren er sich zu unserem Nachteil bedienen kann. Mendelssohn dachte wohl nicht daran, daß das *Dogmatisieren* mit der reinen Vernunft im Felde des Übersinnlichen der gerade Weg zur philosophischen Schwärmerei sei, und daß nur Kritik eben desselben Vernunftvermögens diesem Übel gründlich abhelfen könne. Zwar kann die Disziplin der scholastischen Methode (der Wolffischen z.B., die er darum auch anriet), da alle Begriffe durch Definitionen bestimmt und alle Schritte durch Gründsätze gerechtfertigt werden müssen, diesen Unfug wirklich eine Zeit lang hemmen; aber keinesweges gänzlich abhalten. Denn mit welchem Rechte will man der Vernunft, der es einmal in jenem Felde, seinem eigenen Geständnisse nach, so wohl gelungen ist, verwehren, in eben demselben noch weiter zu gehen? und wo ist dann die Grenze, wo sie stehen bleiben muß?

befriedigenden Grund angeben kann. Ohne einen verständigen Urheber anzunehmen, läßt sich, ohne in lauter Ungereimtheiten zu verfallen, wenigstens *kein verständlicher* Grund davon angeben; und, ob wir gleich die Unmöglichkeit einer solchen Zweckmäßigkeit ohne eine erste *verständige Ursache* nicht *beweisen* können (denn alsdann hätten wir hinreichende objektive Gründe dieser Behauptung, und bedürften es nicht, uns auf den subjektiven zu berufen): so bleibt bei diesem Mangel der Einsicht doch ein genügsamer subjektiver Grund der *Annehmung* derselben darin, daß die Vernunft es *bedarf*: etwas, was ihr verständlich ist, voraus zu setzen, um diese gegebene Erscheinung daraus zu erklä- ren, da alles, womit sie sonst nur einen Begriff verbinden kann, diesem Bedürfnisse nicht abhilft.

Man kann aber das Bedürfnis der Vernunft als zwiefach ansehen: *erstlich* in ihrem *theoretischen, zweitens* in ihrem *praktischen* Gebrauch. Das erste Bedürfnis habe ich eben angeführt; aber man sieht wohl, daß es nur bedingt sei, d. i. wir müssen die Existenz Gottes annehmen, wenn wir über die ersten Ursachen alles Zufälligen, vornehmlich in der Ordnung der wirklich in der Welt gelegten Zwecke, *urteilen wollen*. Weit wichtiger ist das Bedürfnis der Vernunft in ihrem praktischen Gebrauche, weil es unbedingt ist, und wir die Existenz Gottes voraus zu setzen nicht bloß alsdann genötigt werden, wenn wir urteilen *wollen*, sondern weil wir *urteilen müssen*. Denn der reine praktische Gebrauch der Vernunft besteht in der Vorschrift der moralischen Gesetze. Sie führen aber alle auf die Idee des *höchsten Gutes*, was in der Welt möglich ist, so fern es allein durch *Freiheit* möglich ist: die *Sittlichkeit*; von der anderen Seite auch auf das, was nicht bloß auf menschliche Freiheit, sondern auch auf die *Natur* ankommt, nämlich auf die größte *Glückseligkeit*, sofern sie in Proportion der ersten ausgeteilt ist. Nun *bedarf* die Vernunft, ein solches *abhängiges* höchstes Gut, und zum Behuf desselben eine oberste Intelligenz als höchstes *unabhängiges* Gut, anzunehmen: zwar nicht, um davon das verbindende Ansehen der moralischen Gesetze, oder die Triebfeder zu ihrer Beobachtung, abzuleiten (denn sie würden keinen moralischen Wert haben, wenn ihr Bewegungsgrund von etwas anderem, als von dem Gesetz allein, das für sich apodiktisch gewiß ist, abgeleitet würde), sondern nur, um dem Begriffe vom höchsten Gut objektive Realität zu geben, d. i. zu verhindern, daß es zusamt der ganzen Sittlichkeit nicht bloß für ein bloßes

Ideal gehalten werde, wenn dasjenige nirgend existierte, dessen Idee die Moralität unzertrennlich begleitet.

Es ist also nicht *Erkenntnis*, sondern gefühltes[4] *Bedürfnis* der Vernunft, wodurch sich *Mendelssohn* (ohne sein Wissen) im spekulativen Denken orientierte. Und, da dieses Leitungsmittel nicht ein objektives Prinzip der Vernunft, ein Grundsatz der Einsichten, sondern ein bloß subjektives (d. i. eine Maxime) des ihr durch ihre Schranken allein erlaubten Gebrauchs, ein Folgesatz des Bedürfnisses ist, und *für sich allein* den ganzen Bestimmungsgrund unsers Urteils über das Dasein des höchsten Wesens ausmacht, von dem es nur ein zufälliger Gebrauch ist, sich in den spekulativen Versuchen über denselben Gegenstand zu orientieren: so fehlte er hierin allerdings, daß er dieser Spekulation dennoch so viel Vermögen zutraute, für sich allein auf dem Wege der Demonstration alles auszurichten. Die Notwendigkeit des ersteren Mittels konnte nur Statt finden, wenn die Unzulänglichkeit des letzteren völlig zugestanden war: ein Geständnis, zu welchem ihn seine Scharfsinnigkeit doch zuletzt würde gebracht haben, wenn mit einer längeren Lebensdauer ihm auch die den Jugendjahren mehr eigene Gewandtheit des Geistes, alte gewohnte Denkungsart nach Veränderung des Zustandes der Wissenschaften leicht umzuändern, wäre vergönnet gewesen. Indessen bleibt ihm doch das Verdienst, daß er darauf bestand: den letzten Probierstein der Zulässigkeit eines Urteils hier, wie allerwärts, nirgend, als *allein in der Vernunft* zu suchen, sie mochte nun durch Einsicht oder bloßes Bedürfnis und die Maxime ihrer eigenen Zuträglichkeit in der Wahl ihrer Sätze geleitet werden. Er nannte die Vernunft in ihrem letzteren Gebrauche die gemeine Menschenvernunft; denn dieser ist ihr eigenes Interesse jederzeit zuerst vor Augen, indes man aus dem natürlichen Geleise schon muß getreten sein, um jenes zu vergessen, und müßig unter Begriffen in objektiver Rücksicht zu spähen, um bloß sein Wissen, es mag nötig sein oder nicht, zu erweitern.

Da aber der Ausdruck: *Ausspruch der gesunden Vernunft*, in vorliegender Frage immer noch zweideutig ist, und entweder, wie ihn selbst

---

4   Die Vernunft fühlt nicht; sie sieht ihren Mangel ein, und wirkt durch den *Erkenntnistrieb* das Gefühl des Bedürfnisses. Es ist hiemit, wie mit dem moralischen Gefühl bewandt, welches kein moralisches Gesetz verursacht; denn dieses entspringt gänzlich aus der Vernunft; sondern durch moralische Gesetze, mithin durch die Vernunft, verursacht oder gewirkt wird, indem der rege und doch freie Wille bestimmter Gründe bedarf.

Mendelssohn mißverstand, für ein Urteil aus *Vernunfteinsicht*, oder, wie ihn der Verfasser der Resultate zu nehmen scheint, ein Urteil aus *Vernunfteingebung* genommen werden kann: so wird nötig sein, dieser Quelle der Beurteilung eine andere Benennung zu geben, und keine ist ihr angemessener, als die eines *Vernunftglaubens*. Ein jeder Glaube, selbst der historische, muß zwar *vernünftig* sein (denn der letzte Probierstein der Wahrheit ist immer die Vernunft); allein ein Vernunftglaube ist der, welcher sich auf keine andere Data gründet, als die, so in der *reinen* Vernunft enthalten sind. Aller *Glaube* ist nun ein subjektiv zureichendes, objektiv aber *mit Bewußtsein* unzureichendes Fürwahrhalten; also wird er dem *Wissen* entgegengesetzt. Andrerseits, wenn aus objektiven, ob zwar mit Bewußtsein unzureichenden, Gründen etwas für wahr gehalten, mithin bloß *gemeinet* wird: so kann dieses *Meinen* doch durch allmähliche Ergänzung in derselben Art von Gründen endlich ein *Wissen* werden. Dagegen wenn die Gründe des Fürwahrhaltens ihrer Art nach gar nicht objektiv gültig sind, so kann der Glaube durch keinen Gebrauch der Vernunft jemals ein Wissen werden. Der historische Glaube z.B. von dem Tode eines großen Mannes, den einige Briefe berichten, *kann ein Wissen werden*, wenn die Obrigkeit des Orts denselben, sein Begräbnis, Testament u.s.w. meldet. Daß daher etwas historisch bloß auf Zeugnisse für wahr gehalten, d. i. geglaubt wird, z.B. daß eine Stadt Rom in der Welt sei; und doch derjenige, der niemals da gewesen, sagen kann: *ich weiß*, und nicht bloß: *ich glaube*, es existiere ein Rom: das steht ganz wohl beisammen. Dagegen kann der reine *Vernunftglaube* durch alle natürliche Data der Vernunft und Erfahrung niemals in ein *Wissen* verwandelt werden, weil der Grund des Fürwahrhaltens hier bloß subjektiv, nämlich ein notwendiges Bedürfnis der Vernunft ist (und, so lange wir Menschen sind, immer bleiben wird), das Dasein eines höchsten Wesens nur *vorauszusetzen*, nicht zu demonstrieren. Dieses Bedürfnis der Vernunft zu ihrem sie befriedigenden *theoretischen* Gebrauche würde nichts anders als reine *Vernunfthypothese* sein, d. i. eine Meinung, die aus subjektiven Gründen zum Fürwahrhalten zureichend wäre; darum, weil man gegebene *Wirkungen zu erklären* niemals einen andern als diesen Grund erwarten kann, und die Vernunft doch einen Erklärungsgrund bedarf. Dagegen der *Vernunftglaube*, der auf dem Bedürfnis ihres Gebrauchs in *praktischer* Absicht beruht, ein *Postulat* der Vernunft heißen könnte: nicht, als ob es eine Einsicht wäre, welche aller logischen Forderung zur Gewißheit Genüge täte, sondern weil dieses Fürwahrhalten (wenn in dem Menschen alles nur moralisch gut bestellt ist) dem Grade nach keinem Wissen nachsteht,[5] ob es gleich der Art nach davon völlig unterschieden ist.

Ein reiner Vernunftglaube ist also der Wegweiser oder Kompaß, wodurch der spekulative Denker sich auf seinen Vernunftstreifereien im Felde übersinnlicher Gegenstände orientieren, der Mensch von gemeiner doch (moralisch) gesunder Vernunft aber seinen Weg, so wohl in theoretischer als praktischer Absicht, dem ganzen Zwecke seiner Bestimmung völlig angemessen vorzeichnen kann; und dieser Vernunftglaube ist es auch, der jedem anderen Glauben, ja jeder Offenbarung, zum Grunde gelegt werden muß.

Der *Begriff* von Gott, und selbst die Überzeugung von seinem *Dasein*, kann nur allein in der Vernunft angetroffen werden, von ihr allein ausgehen, und weder durch Eingebung, noch durch eine erteilte Nachricht, von noch so großer Auktorität, zuerst in uns kommen. Widerfährt mir eine unmittelbare Anschauung von einer solchen Art, als sie mir die Natur, so weit ich sie kenne, gar nicht liefern kann: so muß doch ein Begriff von Gott zur Richtschnur dienen, ob diese Erscheinung auch mit allem dem übereinstimme, was zu dem Charakteristischen einer Gottheit erforderlich ist. Ob ich gleich nun gar nicht einsehe, wie es möglich sei, daß irgend eine Erscheinung dasjenige auch nur der Qualität nach darstelle, was sich immer nur denken, niemals aber anschauen läßt: so ist doch wenigstens so viel klar, daß: um nur zu urteilen, ob das Gott sei, was mir erscheint, was auf mein Gefühl innerlich oder äußerlich wirkt, ich ihn an meinen Vernunftbegriff von Gott halten und darnach prüfen müsse, nicht ob er diesem adäquat sei, sondern bloß ob er ihm nicht widerspreche. Eben so: wenn auch bei allem, wodurch er sich mir unmittelbar entdeckte, nichts angetroffen würde, was jenem Begriffe widerspräche: so würde dennoch

277

5   Zur *Festigkeit* des Glaubens gehört das Bewußtsein seiner *Unveränderlichkeit*. Nun kann ich völlig gewiß sein, daß mir niemand den Satz: *Es ist ein Gott*, werde widerlegen können; denn wo will er diese Einsicht hernehmen? Also ist es mit dem Vernunftglauben nicht so, wie mit dem historischen bewandt, bei dem es immer noch möglich ist, daß Beweise zum Gegenteil aufgefunden würden, und wo man sich immer noch vorbehalten muß, seine Meinung zu ändern, wenn sich unsere Kenntnis der Sachen erweitern sollte.

diese Erscheinung, Anschauung, unmittelbare Offenbarung, oder wie man sonst eine solche Darstellung nennen will, das *Dasein* eines Wesens niemals beweisen, dessen Begriff (wenn er nicht unsicher bestimmt, und daher der Beimischung alles möglichen Wahnes unterworfen werden soll), *Unendlichkeit* der Größe nach zur Unterscheidung von allem Geschöpfe fodert, welchem Begriffe aber gar keine Erfahrung oder Anschauung adäquat sein, mithin auch niemals das Dasein eines solchen Wesens unzweideutig beweisen, kann. Vom Dasein des höchsten Wesens kann also niemand durch irgend eine Anschauung *zuerst* überzeugt werden; der Vernunftglaube muß vorhergehen, und alsdann könnten allenfalls gewisse Erscheinungen oder Eröffnungen Anlaß zur Untersuchung geben, ob wir das, was zu uns spricht, oder sich uns darstellt, wohl befugt sind für eine Gottheit zu halten, und, nach Befinden, jenen Glauben bestätigen.

Wenn also der Vernunft in Sachen, welche übersinnliche Gegenstände betreffen, als das Dasein Gottes und die künftige Welt, das ihr zustehende Recht, *zuerst* zu sprechen, bestritten wird: so ist aller Schwärmerei, Aberglauben, ja selbst der Atheisterei eine weite Pforte geöffnet. Und doch *scheint* in der Jacobischen und Mendelssohnischen Streitigkeit alles auf diesen Umsturz, ich weiß nicht recht, ob bloß der *Vernunfteinsicht* und des Wissens (durch vermeinte Stärke in der Spekulation), oder auch so gar des *Vernunftglaubens*, und dagegen auf die Errichtung eines andern Glaubens, den sich ein jeder nach seinem Belieben machen kann, angelegt. Man sollte beinahe auf das letztere schließen, wenn man den *Spinozistischen* Begriff von Gott, als den einzigen, mit allen Grundsätzen der Vernunft stimmigen,[6] und dennoch

6 Es ist kaum zu begreifen, wie gedachte Gelehrte in der *Kritik der reinen Vernunft* Vorschub zum Spinozism finden konnten. Die Kritik beschneidet dem Dogmatism gänzlich die Flügel in Ansehung der Erkenntnis übersinnlicher Gegenstände, und der Spinozism ist hierin so dogmatisch, daß er sogar mit dem Mathematiker in Ansehung der Strenge des Beweises wetteifert. Die Kritik beweiset: daß die Tafel der reinen Verstandesbegriffe alle Materialien des reinen Denkens enthalten müsse; der Spinozism spricht von Gedanken, die doch selbst denken, und also von einem Akzidens, das doch zugleich für sich als Subjekt existiert: ein Begriff, der sich im menschlichen Verstande gar nicht findet und sich auch in ihn nicht bringen läßt. Die Kritik zeigt: es reiche noch lange nicht zur Behauptung der Möglichkeit eines selbstgedachten Wesens zu, daß in seinem Begriffe nichts Widersprechendes sei (wiewohl es alsdann nötigenfalls

verwerflichen Begriff aufgestellt sieht. Denn ob es sich gleich mit dem Vernunftglauben ganz wohl verträgt, einzuräumen: daß spekulative Vernunft selbst nicht einmal die *Möglichkeit* eines Wesens, wie wir uns Gott denken müssen, einzusehen im Stande sei: so kann es doch mit gar keinem Glauben und überall mit keinem Fürwahrhalten eines Daseins zusammen bestehen, daß Vernunft gar die *Unmöglichkeit* eines Gegenstandes einsehen, und dennoch, aus anderen Quellen, die Wirklichkeit desselben erkennen könnte.

Männer von Geistesfähigkeiten und von erweiterten Gesinnungen! Ich verehre eure Talente und liebe euer Menschengefühl. Aber habt ihr auch wohl überlegt, was ihr tut, und wo es mit euren Angriffen auf die Vernunft hinaus will? Ohne Zweifel wollt ihr, daß *Freiheit zu denken* ungekränkt erhalten werde; denn ohne diese würde es selbst mit euren freien Schwüngen des Genies bald ein Ende haben. Wir wollen sehen, was aus dieser Denkfreiheit natürlicher Weise werden müsse, wenn ein solches Verfahren, als ihr beginnt, überhand nimmt.

Der Freiheit zu denken ist *erstlich* der *bürgerliche Zwang* entgegengesetzt. Zwar sagt man: die Freiheit zu *sprechen*, oder zu *schreiben*, könne uns zwar durch obere Gewalt, aber die Freiheit *zu denken* durch

allerdings erlaubt bleibt, diese Möglichkeit anzunehmen); der Spinozism gibt aber vor, die Unmöglichkeit eines Wesens einzusehen, dessen Idee aus lauter reinen Verstandesbegriffen besteht, wovon man nur alle Bedingungen der Sinnlichkeit abgesondert hat, worin also niemals ein Widerspruch angetroffen werden kann, und vermag doch diese über alle Grenzen gehende Anmaßung durch gar nichts zu unterstützen. Eben um dieser willen führt der Spinozism gerade zur Schwärmerei. Dagegen gibt es kein einziges sicheres Mittel, alle Schwärmerei mit der Wurzel auszurotten, als jene Grenzbestimmung des reinen Vernunftvermögens. – Eben so findet ein anderer Gelehrter in der Kritik d. r. Vernunft eine *Skepsis*; obgleich die Kritik eben darauf hinausgeht, etwas Gewisses und Bestimmtes in Ansehung des Umfanges unserer Erkenntnis a priori fest zu setzen. Imgleichen eine *Dialektik* in den kritischen Untersuchungen; welche doch darauf angelegt sind, die unvermeidliche Dialektik, womit die allerwärts dogmatisch geführte reine Vernunft sich selbst verfängt und verwickelt, aufzulösen und auf immer zu vertilgen. Die Neuplatoniker, die sich Eklektiker nannten, weil sie Ihre eigenen Grillen allenthalben in älteren Autoren zu finden wußten, wenn sie solche vorher hineingetragen hatten, verfuhren gerade eben so; es geschieht also in so fern nichts Neues unter der Sonne.

sie gar nicht genommen werden. Allein, wie viel und mit welcher Richtigkeit würden wir wohl *denken*, wenn wir nicht gleichsam in Gemeinschaft mit andern, denen wir unsere und die uns ihre Gedanken *mitteilen*, dächten! Also kann man wohl sagen, daß diejenige äußere Gewalt, welche die Freiheit, seine Gedanken öffentlich *mitzuteilen*, den Menschen entreißt, ihnen auch die Freiheit zu *denken* nehme: das einzige Kleinod, das uns bei allen bürgerlichen Lasten noch übrig bleibt, und wodurch allein wider alle Übel dieses Zustandes noch Rat geschafft werden kann.

Zweitens wird die Freiheit zu denken auch in der Bedeutung genommen, daß ihr der *Gewissenszwang* entgegengesetzt ist; wo ohne alle äußere Gewalt in Sachen der Religion sich Bürger über andere zu Vormündern aufwerfen, und, statt Argument, durch vorgeschriebene mit ängstlicher Furcht vor der *Gefahr einer eigenen Untersuchung* begleitete Glaubensformeln, alle Prüfung der Vernunft durch frühen Eindruck auf die Gemüter zu verbannen wissen.

Drittens bedeutet auch Freiheit im Denken die Unterwerfung der 280 Vernunft unter keine andere Gesetze, als: *die sie sich selbst gibt*; und ihr Gegenteil ist die Maxime eines *gesetzlosen Gebrauchs* der Vernunft (um dadurch, wie das Genie wähnt, weiter zu sehen, als unter der Einschränkung durch Gesetze). Die Folge davon ist natürlicher Weise diese: daß, wenn die Vernunft dem Gesetze nicht unterworfen sein will, das sie sich selbst gibt, sie sich unter das Joch der Gesetze beugen muß, die ihr ein anderer gibt; denn ohne irgend ein Gesetz kann gar nichts, selbst nicht der größte Unsinn, sein Spiel lange treiben. Also ist die unvermeidliche Folge der *erklärten* Gesetzlosigkeit im Denken (einer Befreiung von den Einschränkungen durch die Vernunft) diese: daß Freiheit zu denken zuletzt dadurch eingebüßt, und, weil nicht etwa Unglück, sondern wahrer Übermut daran schuld ist, im eigentlichen Sinne des Worts verscherzt wird.

Der Gang der Dinge ist ungefähr dieser. Zuerst gefällt sich das *Genie* sehr in seinem kühnen Schwünge, da es den Faden, woran es sonst die Vernunft lenkte, abgestreift hat. Es bezaubert bald auch andere durch Machtsprüche und große Erwartungen, und scheint sich selbst nunmehr auf einen Thron gesetzt zu haben, den langsame schwerfällige Vernunft so schlecht zierete; wobei es gleichwohl immer die Sprache derselben führt. Die alsdann angenommene Maxime der Ungültigkeit einer zu oberst gesetzgebenden Vernunft nennen wir gemeine Menschen

Schwärmerei; jene Günstlinge der gütigen Natur aber *Erleuchtung*. Weil indessen bald eine Sprachverwirrung unter diesen selbst entspringen muß, indem, da Vernunft allein für jedermann gültig gebieten kann, jetzt jeder seiner Eingebung folgt: so müssen zuletzt aus inneren Eingebungen durch Zeugnisse äußere bewährte Facta, aus Traditionen, die anfänglich selbst gewählt waren, mit der Zeit *aufgedrungene* Urkunden, mit einem Worte die gänzliche Unterwerfung der Vernunft unter Facta, d. i. der *Aberglaube* entspringen, weil dieser sich doch wenigstens in eine *gesetzliche Form* und dadurch in einen Ruhestand bringen läßt.

Weil gleichwohl die menschliche Vernunft immer noch nach Freiheit strebt: so muß, wenn sie einmal die Fesseln zerbricht, ihr erster Gebrauch einer lange entwöhnten Freiheit in Mißbrauch und vermessenes Zutrauen auf Unabhängigkeit ihres Vermögens von aller Einschränkung ausarten, in eine Überredung von der Alleinherrschaft der spekulativen Vernunft, die nichts annimmt, als was sich durch *objektive* Gründe und dogmatische Überzeugung rechtfertigen kann, alles übrige aber kühn wegleugnet. Die Maxime der Unabhängigkeit der Vernunft von ihrem *eigenen Bedürfnis* (Verzichttuung auf Vernunftglauben) heißt nun *Unglaube*: nicht ein historischer; denn, den kann man sich gar nicht als vorsätzlich, mithin auch nicht als zurechnungsfähig denken (weil jeder einem Faktum, welches nur hinreichend bewährt ist, eben so gut als einer mathematischen Demonstration glauben muß, er mag wollen oder nicht); sondern ein *Vernunftunglaube*, ein mißlicher Zustand des menschlichen Gemüts, der den moralischen Gesetzen zuerst alle Kraft der Triebfedern auf das Herz, mit der Zeit so gar ihnen selbst alle Autorität benimmt, und die Denkungsart veranlaßt, die man *Freigeisterei* nennt, d. i. den Grundsatz, gar keine Pflicht mehr zu erkennen. Hier mengt sich nun die Obrigkeit ins Spiel, damit nicht selbst bürgerliche Angelegenheiten in die größte Unordnung kommen; und, da das behendeste und doch nachdrücklichste Mittel ihr gerade das beste ist, so hebt sie die Freiheit zu denken gar auf, und unterwirft dieses, gleich anderen Gewerben, den Landesverordnungen. Und so zerstört Freiheit im Denken, wenn sie so gar unabhängig von Gesetzen der Vernunft verfahren will, endlich sich selbst.

Freunde des Menschengeschlechts und dessen, was ihm am heiligsten ist! Nehmt an, was euch nach sorgfältiger und aufrichtiger Prüfung am glaubwürdigsten scheint, es mögen nun Facta, es mögen Vernunftgründe sein; nur streitet der Vernunft nicht das, was sie zum höchsten Gut auf Erden macht, nämlich das Vorrecht ab, der letzte Probierstein 282 der Wahrheit[7] zu sein. Widrigenfalls werdet ihr, dieser Freiheit unwürdig, sie auch sicherlich einbüßen, und dieses Unglück noch dazu dem übrigen schuldlosen Teile über den Hals ziehen, der sonst wohl gesinnt gewesen wäre, sich seiner Freiheit *gesetzmäßig* und dadurch auch zweckmäßig zum Weltbesten zu bedienen!

Königsberg.

I. Kant. 283

7   *Selbstdenken* heißt den obersten Probierstein der Wahrheit in sich selbst (d. i. in seiner eigenen Vernunft) suchen; und die Maxime, jederzeit selbst zu denken, ist die *Aufklärung*. Dazu gehört nun eben so viel nicht, als sich diejenigen einbilden, welche die Aufklärung in *Kenntnisse* setzen; da sie vielmehr ein negativer Grundsatz im Gebrauche seines Erkenntnisvermögens ist, und öfter der, so an Kenntnissen überaus reich ist, im Gebrauche derselben am wenigsten aufgeklärt ist. Sich seiner *eigenen* Vernunft bedienen will nichts weiter sagen, als bei allem dem, was man annehmen soll, sich selbst fragen: ob man es wohl tunlich finde, den Grund, warum man etwas annimmt, oder auch die Regel, die aus dem, was man annimmt, folgt, zum allgemeinen Grundsatze seines Vernunftgebrauchs zu machen? Diese Probe kann ein jeder mit sich selbst anstellen; und er wird Aberglauben und Schwärmerei bei dieser Prüfung alsbald verschwinden sehen, wenn er gleich bei weitem die Kenntnisse nicht hat, beide aus objektiven Gründen zu widerlegen. Denn er bedient sich bloß der Maxime der *Selbsterhaltung* der Vernunft. Aufklärung in *einzelnen Subjekten* durch Erziehung zu gründen, ist also gar leicht; man muß nur früh anfangen, die jungen Köpfe zu dieser Reflexion zu gewöhnen. Ein *Zeitalter* aber aufzuklären, ist sehr langwierig; denn es finden sich viel äußere Hindernisse, welche jene Erziehungsart teils verbieten, teils erschweren.

Über ein vermeintes Recht aus Menschenliebe zu lügen

In der Schrift: *Frankreich* im Jahr 1797, Sechstes Stück, Nr. I: Von den politischen Gegenwirkungen, von *Benjamin Constant*, ist Folgendes S. 123 enthalten.

»Der sittliche Grundsatz: es sei eine Pflicht, die Wahrheit zu sagen, würde, wenn man ihn unbedingt und vereinzelt nähme, jede Gesellschaft zur Unmöglichkeit machen. Den Beweis davon haben wir in den sehr unmittelbaren Folgerungen, die ein deutscher Philosoph aus diesem Grundsatze gezogen hat, der so weit geht zu behaupten: daß die Lüge gegen einen Mörder, der uns fragte, ob unser von ihm verfolgter Freund sich nicht in unser Haus geflüchtet, ein Verbrechen sein würde.[1]«

Der französische Philosoph widerlegt S. 124 diesen Grundsatz auf folgende Art. »Es ist eine Pflicht, die Wahrheit zu sagen. Der Begriff von Pflicht ist unzertrennbar von dem Begriff des Rechts. Eine Pflicht ist, was bei einem Wesen den Rechten eines anderen entspricht. Da, wo es keine Rechte gibt, gibt es keine Pflichten. Die Wahrheit zu sagen, ist also eine Pflicht; aber nur gegen denjenigen, welcher ein Recht auf die Wahrheit hat. Kein Mensch aber hat Recht auf eine Wahrheit, die anderen schadet.«

Das *prôton pseudos* liegt hier in dem Satze: »*Die Wahrheit zu sagen ist eine Pflicht, aber nur gegen denjenigen, welcher ein Recht auf die Wahrheit hat*«.

Zuerst ist anzumerken, daß der Ausdruck: ein Recht auf die Wahrheit haben, ein Wort ohne Sinn ist. Man muß vielmehr sagen: der Mensch

---

1 »*I. D. Michaelis* in Göttingen hat diese seltsame Meinung noch früher vorgetragen als *Kant*. Daß *Kant* der Philosoph sei, von dem diese Stelle redet, hat mir der Verfasser dieser Schrift selbst gesagt.

K. Fr. Cramer.«

Daß dieses wirklich an irgend einer Stelle, deren ich mich aber itzt nicht mehr besinnen kann, von mir gesagt worden, gestehe ich hiedurch.

I. Kant.

habe ein Recht auf seine eigene *Wahrhaftigkeit* (veracitas), d.i. auf die subjektive Wahrheit in seiner Person. Denn objektiv auf eine Wahrheit ein Recht haben, würde so viel sagen als: es komme, wie überhaupt 637 beim Mein und Dein, auf seinen *Willen* an, ob ein gegebener Satz wahr oder falsch sein solle; welches dann eine seltsame Logik abgeben würde.

Nun ist die *erste Frage*: ob der Mensch, in Fällen, wo er einer Beantwortung mit Ja oder Nein nicht ausweichen kann, die *Befugnis* (das Recht) habe, unwahrhaft zu sein. Die *zweite Frage* ist: ob er nicht gar verbunden sei, in einer gewissen Aussage, wozu ihn ein ungerechter Zwang nötigt, unwahrhaft zu sein, um eine ihn bedrohende Missetat an sich oder einem anderen zu verhüten.

Wahrhaftigkeit in Aussagen, die man nicht umgehen kann, ist formale Pflicht des Menschen gegen jeden,[2] es mag ihm oder einem andern daraus auch noch so großer Nachteil erwachsen; und, ob ich zwar dem, welcher mich ungerechter weise zur Aussage nötigt, nicht Unrecht tue, wenn ich sie verfälsche, so tue ich doch durch eine solche Verfälschung, die darum auch (obzwar nicht im Sinn des Juristen) Lüge genannt werden kann, im wesentlichsten Stücke der Pflicht *überhaupt* Unrecht: d.i. ich mache, so viel an mir ist, daß Aussagen (Deklarationen) überhaupt keinen Glauben finden, mithin auch alle Rechte, die auf Verträgen gegründet werden, wegfallen und ihre Kraft einbüßen; welches ein Unrecht ist, das der Menschheit überhaupt zugefügt wird.

Die Lüge also, bloß als vorsätzlich unwahre Deklaration gegen einen andern Menschen definiert, bedarf nicht des Zusatzes, daß sie einem anderen schaden müsse; wie die Juristen es zu ihrer Definition verlangen (mendacium est falsiloquium in praeiudicium alterius). Denn sie schadet jederzeit einem anderen, wenn gleich nicht einem andern Menschen, doch der Menschheit überhaupt, indem sie die Rechtsquelle unbrauchbar macht. 638

Diese gutmütige Lüge *kann* aber auch durch einen *Zufall* (casus) strafbar werden, nach bürgerlichen Gesetzen; was aber bloß durch den Zufall der Straffälligkeit entgeht, kann auch nach äußeren Gesetzen als

---

2 Ich mag hier nicht den Grundsatz bis dahin schärfen, zu sagen: »Unwahrhaftigkeit ist Verletzung der Pflicht gegen sich selbst«. Denn dieser gehört zur Ethik; hier aber ist von einer Rechtspflicht die Rede. – Die Tugendlehre sieht in jener Übertretung nur auf die *Nichtswürdigkeit*, deren Vorwurf der Lügner sich selbst zuzieht.

Unrecht abgeurteilt werden. Hast du nämlich einen eben itzt mit Mordsucht Umgehenden *durch eine Lüge* an der Tat verhindert, so bist du für alle Folgen, die daraus entspringen möchten, auf rechtliche Art verantwortlich. Bist du aber strenge bei der Wahrheit geblieben, so kann dir die öffentliche Gerechtigkeit nichts anhaben; die unvorhergesehene Folge mag sein welche sie wolle. Es ist doch möglich, daß, nachdem du dem Mörder, auf die Frage, ob der von ihm Angefeindete zu Hause sei, ehrlicherweise mit Ja geantwortet hast, dieser doch unbemerkt ausgegangen ist, und so dem Mörder nicht in den Wurf gekommen, die Tat also nicht geschehen wäre; hast du aber gelogen, und gesagt, er sei nicht zu Hause, und er ist auch wirklich (obzwar dir unbewußt) ausgegangen, wo denn der Mörder ihm im Weggehen begegnete und seine Tat an ihm verübte: so kannst du mit Recht als Urheber des Todes desselben angeklagt werden. Denn hättest du die Wahrheit, so gut du sie wußtest, gesagt: so wäre vielleicht der Mörder über dem Nachsuchen seines Feindes im Hause von herbeigelaufenen Nachbarn ergriffen, und die Tat verhindert worden. Wer also *lügt*, so gutmütig er dabei auch gesinnt sein mag, muß die Folgen davon, selbst vor dem bürgerlichen Gerichtshofe, verantworten und dafür büßen: so unvorhergesehen sie auch immer sein mögen; weil Wahrhaftigkeit eine Pflicht ist, die als die Basis aller auf Vertrag zu gründenden Pflichten angesehn werden muß, deren Gesetz, wenn man ihr auch nur die geringste Ausnahme einräumt, schwankend und unnütz gemacht wird.

Es ist also ein heiliges, unbedingt gebietendes, durch keine Konvenienzen einzuschränkendes Vernunftgebot; in allen Erklärungen *wahrhaft* (ehrlich) zu sein.

Wohldenkend und zugleich richtig ist hiebei Hrn. Constants Anmerkung über die Verschreiung solcher strenger und sich vorgeblich in unausführbare Ideen verlierender, hiemit aber verwerflicher Grundsätze. – »Jedesmal (sagt er S. 123 unten) wenn ein als wahr bewiesener Grundsatz unanwendbar scheint, so kömmt es daher, daß wir den *mittlern Grundsatz* nicht kennen, der das Mittel der Anwendung enthält.« Er führt (S. 121) die Lehre von der *Gleichheit* als den ersten die gesellschaftliche Kette bildenden Ring an: »Daß (S. 122) nämlich kein Mensch anders als durch solche Gesetze gebunden werden kann, zu deren Bildung er mit beigetragen hat. In einer sehr ins Enge zusammengezogenen Gesellschaft kann dieser Grundsatz auf unmittelbare

Weise angewendet werden, und bedarf, um ein gewöhnlicher zu werden, keines mittleren Grundsatzes. Aber in einer sehr zahlreichen Gesellschaft muß man einen neuen Grundsatz zu demjenigen noch hinzufügen, den wir hier anführen. Dieser mittlere Grundsatz ist: daß die einzelnen zur Bildung der Gesetze entweder in eigener Person oder durch *Stellvertreter* beitragen können. Wer den ersten Grundsatz auf eine zahlreiche Gesellschaft anwenden wollte, ohne den mittleren dazu zu nehmen, würde unfehlbar ihr Verderben zuwege bringen. Allein dieser Umstand, der nur von der Unwissenheit oder Ungeschicklichkeit des Gesetzgebers zeugte, würde nichts gegen den Grundsatz beweisen.« – Er beschließt S. 125 hiemit: »Ein als wahr anerkannter Grundsatz muß also niemal verlassen werden: wie anscheinend auch Gefahr dabei sich befindet«. (Und doch hatte der gute Mann den unbedingten Grundsatz der Wahrhaftigkeit, wegen der Gefahr, die er für die Gesellschaft bei sich führe, selbst verlassen; weil er keinen mittleren Grundsatz entdecken konnte, der diese Gefahr zu verhüten diente, und hier auch wirklich keiner einzuschieben ist.)

Wenn man die Namen der Personen, sowie sie hier aufgeführt werden, beibehalten will: so verwechselte »der französische Philosoph« die Handlung, wodurch jemand einem anderen *schadet* (nocet), indem er die Wahrheit, deren Geständnis er nicht umgehen kann, sagt, mit derjenigen, wodurch er diesem *Unrecht* tut (laedit). Es war bloß ein *Zufall* (casus), daß die Wahrhaftigkeit der Aussage dem Einwohner des Hauses schadete, nicht eine freie *Tat* (in juridischer Bedeutung). Denn aus seinem Rechte, von einem anderen zu fordern, daß er ihm zum Vorteil lügen solle, würde ein aller Gesetzmäßigkeit widerstreitender Anspruch folgen. Jeder Mensch aber hat nicht allein ein Recht, sondern sogar die strengste Pflicht zur Wahrhaftigkeit in Aussagen, die er nicht umgehen kann: sie mag nun ihm selbst oder andern schaden. Er selbst *tut* also hiemit dem, der dadurch leidet, eigentlich nicht Schaden, sondern diesen *verursacht* der Zufall. Denn jener ist hierin gar nicht frei, um zu wählen; weil die Wahrhaftigkeit (wenn er einmal sprechen muß) unbedingte Pflicht ist. – Der »deutsche Philosoph« wird also den Satz (S. 124): »Die Wahrheit zu sagen ist eine Pflicht, aber nur gegen denjenigen, welcher *ein Recht auf die Wahrheit* hat«, nicht zu seinem Grundsatze annehmen: erstlich wegen der undeutlichen Formel desselben, indem Wahrheit kein Besitztum ist, auf welchen dem einen das Recht verwilligt, anderen aber verweigert wer-

640

den könne; dann aber vornehmlich, weil die Pflicht der Wahrhaftigkeit (als von welcher hier allein die Rede ist) keinen Unterschied zwischen Personen macht, gegen die man diese Pflicht haben, oder gegen die man sich auch von ihr lossagen könne, sondern weil es *unbedingte Pflicht* ist, die in allen Verhältnissen gilt.

Um nun von einer *Metaphysik* des Rechts (welche von allen Erfahrungsbedingungen abstrahiert) zu einem Grundsatze der *Politik* (welcher diese Begriffe auf Erfahrungsfälle anwendet), und vermittelst dieses zur Auflösung einer Aufgabe der letzteren, dem allgemeinen Rechtsprinzip gemäß, zu gelangen: wird der Philosoph 1) ein *Axiom*, d.i. einen apodiktisch-gewissen Satz, der unmittelbar aus der Definition des äußern Rechts (Zusammenstimmung der *Freiheit* eines jeden mit der Freiheit von jedermann nach einem allgemeinen Gesetze) hervorgeht, 2) ein *Postulat* (des äußeren öffentlichen *Gesetzes*, als vereinigten Willens aller nach dem Prinzip der *Gleichheit*, ohne welche keine Freiheit von jedermann Statt haben würde), 3) ein *Problem* geben, wie es anzustellen sei, daß in einer noch so großen Gesellschaft dennoch Eintracht nach Prinzipien der Freiheit und Gleichheit erhalten werde (nämlich vermittelst eines repräsentativen Systems); welches dann ein Grundsatz der *Politik* sein wird, deren Veranstaltung und Anordnung nun Dekrete enthalten wird, die, aus der Erfahrungserkenntnis der Menschen gezogen, nur den Mechanism der Rechtsverwaltung, und wie dieser zweckmäßig einzurichten sei, beabsichtigen. – – Das Recht muß nie der Politik, wohl aber die Politik jederzeit dem Recht angepaßt werden.

»Ein als wahr anerkannter (ich setze hinzu: a priori anerkannter, mithin apodiktischer) Grundsatz muß niemal verlassen werden, wie anscheinend auch Gefahr sich dabei befindet«, sagt der Verfasser. Nur muß man hier nicht die Gefahr (zufälligerweise) zu *schaden*, sondern überhaupt *Unrecht zu tun* verstehen: welches geschehen würde, wenn ich die Pflicht der Wahrhaftigkeit, die gänzlich unbedingt ist und in Aussagen die oberste rechtliche Bedingung ausmacht, zu einer bedingten und noch andern Rücksichten untergeordneten mache; und, obgleich ich durch eine gewisse Lüge in der Tat niemanden Unrecht tue, doch das Prinzip des Rechts in Ansehung aller unumgänglich notwendigen Aussagen *überhaupt* verletze (formaliter, obgleich nicht materialiter, Unrecht tue): welches viel schlimmer ist als gegen irgend jemanden eine Ungerechtigkeit begehn, weil eine solche Tat nicht eben immer einen Grundsatz dazu im Subjekte voraussetzt.

Der, welcher die Anfrage, die ein anderer an ihn ergehen läßt: ob er in seiner Aussage, die er itzt tun soll, wahrhaft sein wolle oder nicht? nicht schon mit Unwillen über den gegen ihn hiemit geäußerten Verdacht, er möge auch wohl ein Lügner sein, aufnimmt, sondern sich die Erlaubnis ausbittet, sich erst auf mögliche Ausnahmen zu besinnen, ist schon ein Lügner (in potentia); weil er zeigt, daß er die Wahrhaftigkeit nicht für Pflicht an sich selbst anerkenne, sondern sich Ausnahmen vorhält von einer Regel, die ihrem Wesen nach keiner Ausnahme fähig ist, weil sie sich in dieser geradezu selbst widerspricht.

Alle rechtlich-praktische Grundsätze müssen strenge Wahrheit enthalten, und die hier sogenannten mittleren können nur die nähere Bestimmung ihrer Anwendung auf vorkommende Fälle (nach Regeln der Politik), aber niemal Ausnahmen von jenen enthalten; weil diese die Allgemeinheit vernichten, derentwegen allein sie den Namen der Grundsätze führen.

Königsberg.

I. Kant.

Idee zu einer allgemeinen Geschichte in weltbürgerlicher Absicht

Was man sich auch in metaphysischer Absicht für einen Begriff von der Freiheit des Willens machen mag: so sind doch die Erscheinungen desselben, die menschlichen Handlungen, eben so wohl als jede andere Naturbegebenheit nach allgemeinen Naturgesetzen bestimmt. Die Geschichte, welche sich mit der Erzählung dieser Erscheinungen beschäftigt, so tief auch deren Ursachen verborgen sein mögen, läßt dennoch von sich hoffen: daß, wenn sie das Spiel der Freiheit des menschlichen Willens im Großen betrachtet, sie einen regelmäßigen Gang derselben entdecken könne; und daß auf die Art, was an einzelnen Subjecten verwickelt und regellos in die Augen fällt, an der ganzen Gattung doch als eine stetig fortgehende, obgleich langsame Entwickelung der ursprünglichen Anlagen derselben werde erkannt werden können. So scheinen die Ehen, die daher kommenden Geburten und das Sterben, da der freie Wille des Menschen auf sie so großen Einfluß hat, keiner Regel unterworfen zu sein, nach welcher man die Zahl derselben zum voraus durch Rechnung bestimmen könne; und doch beweisen die jährlichen Tafeln derselben in großen Ländern, daß sie eben so wohl nach beständigen Naturgesetzen geschehen, als die so unbeständigen Witterungen, deren Eräugnis man einzeln nicht vorher bestimmen kann, die aber im Ganzen nicht ermangeln den Wachstum der Pflanzen, den Lauf der Ströme und andere Naturanstalten in einem gleichförmigen, ununterbrochenen Gange zu erhalten. Einzelne Menschen und selbst ganze Völker denken wenig daran, daß, indem sie, ein jedes nach seinem Sinne, und einer oft wider den anderen, ihre eigene Absicht verfolgen, sie unbemerkt an der Naturabsicht, die ihnen selbst unbekannt ist, als an einem Leitfaden fortgehen und an derselben Beförderung arbeiten, an welcher, selbst wenn sie ihnen bekannt würde, ihnen doch wenig gelegen sein würde.

Da die Menschen in ihren Bestrebungen nicht bloß instinctmäßig wie Tiere und doch auch nicht wie vernünftige Weltbürger nach einem verabredeten Plane im Ganzen verfahren: so scheint auch keine planmäßige Geschichte (wie etwa von den Bienen oder den Bibern) von ihnen möglich zu sein. Man kann sich eines gewissen Unwillens nicht erwehren, wenn man ihr Tun und Lassen auf der großen Weltbühne aufgestellt sieht und bei hin und wieder anscheinender Weisheit im Einzelnen doch endlich alles im Großen aus Torheit, kindischer Eitelkeit, oft auch aus kindischer Bosheit und Zerstörungssucht zusammengewebt findet: wobei man am Ende nicht weiß, was man sich von unserer auf ihre Vorzüge so eingebildeten Gattung für einen Begriff machen soll. Es ist hier keine Auskunft für den Philosophen, als daß, da er bei Menschen und ihrem Spiele im Großen gar keine vernünftige eigene Absicht voraussetzen kann, er versuche, ob er nicht eine Naturabsicht in diesem widersinnigen Gange menschlicher Dinge entdecken könne; aus welcher von Geschöpfen, die ohne eigenen Plan verfahren, dennoch eine Geschichte nach einem bestimmten Plane der Natur möglich sei. – Wir wollen sehen, ob es uns gelingen werde, einen Leitfaden zu einer solchen Geschichte zu finden, und wollen es dann der Natur überlassen, den Mann hervorzubringen, der im Stande ist, sie danach abzufassen. So brachte sie einen Kepler hervor, der die eccentrischen Bahnen der Planeten auf eine unerwartete Weise bestimmten Gesetzen unterwarf, und einen Newton, der diese Gesetze aus einer allgemeinen Naturursache erklärte.

Erster Satz

Alle Naturanlagen eines Geschöpfes sind bestimmt, sich einmal vollständig und zweckmäßig auszuwickeln. Bei allen Tieren bestätigt dieses die äußere sowohl, als innere oder zergliedernde Beobachtung. Ein Organ, das nicht gebraucht werden soll, eine Anordnung, die ihren Zweck nicht erreicht, ist ein Widerspruch in der teleologischen Naturlehre. Denn wenn wir von jenem Grundsatze abgehen, so haben wir nicht mehr eine gesetzmäßige, sondern eine zwecklos spielende Natur; und das trostlose Ungefähr tritt an die Stelle des Leitfadens der Vernunft.

Zweiter Satz

Am Menschen (als dem einzigen vernünftigen Geschöpf auf Erden) sollten sich diejenigen Naturanlagen, die auf den Gebrauch seiner Vernunft abgezielt sind, nur in der Gattung, nicht aber im Individuum vollständig entwickeln. Die Vernunft in einem Geschöpfe ist ein Vermögen, die Regeln und Absichten des Gebrauchs aller seiner Kräfte weit über den Naturinstinct zu erweitern, und kennt keine Grenzen ihrer Entwürfe. Sie wirkt aber selbst nicht instinctmäßig, sondern bedarf Versuche, Übung und Unterricht, um von einer Stufe der Einsicht zur andern allmählig fortzuschreiten. Daher würde ein jeder Mensch unmäßig lange leben müssen, um zu lernen, wie er von allen seinen Naturanlagen einen vollständigen Gebrauch machen solle; oder wenn die Natur seine Lebensfrist nur kurz angesetzt hat (wie es wirklich geschehen ist), so bedarf sie einer vielleicht unabsehlichen Reihe von Zeugungen, deren eine der andern ihre Aufklärung überliefert, um endlich ihre Keime in unserer Gattung zu derjenigen Stufe der Entwicklung zu treiben, welche ihrer Absicht vollständig angemessen ist. Und dieser Zeitpunkt muß wenigstens in der Idee des Menschen das Ziel seiner Bestrebungen sein, weil sonst die Naturanlagen größtenteils als vergeblich und zwecklos angesehen werden müßten; welches alle praktischen Prinzipien aufheben und dadurch die Natur, deren Weisheit in Beurteilung aller übrigen Anstalten sonst zum Grundsatze dienen muß, am Menschen allein eines kindischen Spiels verdächtig machen würde.

Dritter Satz

Die Natur hat gewollt: daß der Mensch alles, was über die mechanische Anordnung seines tierischen Daseins geht, gänzlich aus sich selbst herausbringe und keiner anderen Glückseligkeit oder Vollkommenheit teilhaftig werde, als die er sich selbst frei von Instinct, durch eigene Vernunft, verschafft hat. Die Natur tut nämlich nichts überflüssig und ist im Gebrauche der Mittel zu ihren Zwecken nicht verschwenderisch. Da sie dem Menschen Vernunft und darauf sich gründende Freiheit des Willens gab, so war das schon eine klare Anzeige ihrer Absicht in Ansehung seiner Ausstattung. Er sollte nämlich nun nicht durch Instinct geleitet, oder durch anerschaffene Kenntnis versorgt und unterrichtet sein; er sollte vielmehr alles aus sich selbst herausbringen. Die Erfindung seiner Nahrungsmittel, seiner Bedeckung, seiner äußeren Sicherheit und Verteidigung (wozu sie ihm weder die Hörner des Stiers, noch die Klauen des Löwen, noch das Gebiß des Hundes, sondern bloß Hände gab), alle Ergötzlichkeit, die das Leben angenehm machen kann, selbst seine Einsicht und Klugheit und sogar die Gutartigkeit seines Willens sollten gänzlich sein eigen Werk sein. Sie scheint sich hier in ihrer größten Sparsamkeit selbst gefallen zu haben und ihre tierische Ausstattung so knapp, so genau auf das höchste Bedürfnis einer anfänglichen Existenz abgemessen zu haben, als wollte sie: der Mensch sollte, wenn er sich aus der größten Rohigkeit dereinst zur größten Geschicklichkeit, innerer Vollkommenheit der Denkungsart und (so viel auf Erden möglich ist) dadurch zur Glückseligkeit empor gearbeitet haben würde, hievon das Verdienst ganz allein haben und es sich selbst nur verdanken dürfen; gleich als habe sie es mehr auf seine vernünftige Selbstschätzung, als auf ein Wohlbefinden angelegt. Denn in diesem Gange der menschlichen Angelegenheit ist ein ganzes Heer von Mühseligkeiten, die den Menschen erwarten. Es scheint aber der Natur darum gar nicht zu tun gewesen zu sein, daß er wohl lebe; sondern daß er sich so weit hervorarbeite, um sich durch sein Verhalten des Lebens und des Wohlbefindens würdig zu machen. Befremdend bleibt es immer hiebei: daß die ältern Generationen nur scheinen um der späteren willen ihr mühseliges Geschäft zu treiben, um nämlich diesen eine Stufe zu bereiten, von der diese das Bauwerk, welches die Natur zur Absicht hat, höher bringen könnten; und daß doch nur die spätesten das Glück haben sollen, in dem Gebäude zu wohnen, woran eine lange Reihe ihrer Vorfahren (zwar freilich ohne ihre Absicht) gearbeitet hatten, ohne doch selbst an dem Glück, das sie vorbereiteten, Anteil nehmen zu können. Allein so rätselhaft dieses auch ist, so notwendig ist es doch zugleich, wenn man einmal annimmt: eine Tiergattung soll Vernunft haben und als Klasse vernünftiger Wesen, die insgesamt sterben, deren Gattung aber unsterblich ist, dennoch zu einer Vollständigkeit der Entwickelung ihrer Anlagen gelangen.

Vierter Satz

Das Mittel, dessen sich die Natur bedient, die Entwickelung aller ihrer Anlagen zu Stande zu bringen, ist der Antagonism derselben in der Gesellschaft, so fern dieser doch am Ende die Ursache einer gesetzmäßigen Ordnung derselben wird. Ich verstehe hier unter dem Antagonism die ungesellige Geselligkeit des Menschen, d.i. den Hang derselben in Gesellschaft zu treten, der doch mit einem durchgängigen Widerstande, welcher diese Gesellschaft beständig zu trennen droht, verbunden ist. Hiezu liegt die Anlage offenbar in der menschlichen Natur. Der Mensch hat eine Neigung sich zu vergesellschaften: weil er in einem solchen

Zustande sich mehr als Mensch, d.i. die Entwicklung seiner Naturanlagen, fühlt. Er hat aber auch einen großen Hang sich zu vereinzeln (isolieren): weil er in sich zugleich die ungesellige Eigenschaft antrifft, alles bloß nach seinem Sinne richten zu wollen, und daher allerwärts Widerstand erwartet, so wie er von sich selbst weiß, daß er seinerseits zum Widerstande gegen andere geneigt ist. Dieser Widerstand ist es nun, welcher alle Kräfte des Menschen erweckt, ihn dahin bringt seinen Hang zur Faulheit zu überwinden und, getrieben durch Ehrsucht, Herrschsucht oder Habsucht, sich einen Rang unter seinen Mitgenossen zu verschaffen, die er nicht wohl leiden, von denen er aber auch nicht lassen kann. Da geschehen nun die ersten wahren Schritte aus der Rohigkeit zur Kultur, die eigentlich in dem gesellschaftlichen Wert des Menschen besteht; da werden alle Talente nach und nach entwickelt, der Geschmack gebildet und selbst durch fortgesetzte Aufklärung der Anfang zur Gründung einer Denkungsart gemacht, welche die grobe Naturanlage zur sittlichen Unterscheidung mit der Zeit in bestimmte praktische Principien und so eine pathologisch-abgedrungene Zusammenstimmung zu einer Gesellschaft endlich in ein moralisches Ganze verwandeln kann. Ohne jene an sich zwar eben nicht liebenswürdige Eigenschaften der Ungeselligkeit, woraus der Widerstand entspringt, den jeder bei seinen selbstsüchtigen Anmaßungen notwendig antreffen muß, würden in einem arkadischen Schäferleben bei vollkommener Eintracht, Genügsamkeit und Wechselliebe alle Talente auf ewig in ihren Keimen verborgen bleiben: die Menschen, gutartig wie die Schafe, die sie weiden, würden ihrem Dasein kaum einen größeren Wert verschaffen, als dieses ihr Hausvieh hat; sie würden das Leere der Schöpfung in Ansehung ihres Zwecks, als vernünftige Natur, nicht ausfüllen. Dank sei also der Natur für die Unvertragsamkeit, für die mißgünstig wetteifernde Eitelkeit, für die nicht zu befriedigende Begierde zum Haben oder auch zum Herrschen! Ohne sie würden alle vortreffliche Naturanlagen in der Menschheit ewig unentwickelt schlummern. Der Mensch will Eintracht; aber die Natur weiß besser, was für seine Gattung gut ist: sie will Zwietracht. Er will gemächlich und vergnügt leben; die Natur will aber, er soll aus der Lässigkeit und untätigen Genügsamkeit hinaus sich in Arbeit und Mühseligkeiten stürzen, um dagegen auch Mittel auszufinden, sich klüglich wiederum aus den letztern heraus zu ziehen. Die natürlichen Triebfedern dazu, die Quellen der Ungeselligkeit und des durchgängigen Widerstandes, woraus so viele Übel entsprangen, die aber doch auch wieder zur neuen Anspannung der Kräfte, mithin zu mehrerer Entwickelung der Naturanlagen antreiben, verraten also wohl die Anordnung eines weisen Schöpfers; und nicht etwa die Hand eines bösartigen Geistes, der in seine herrliche Anstalt gepfuscht oder sie neidischer Weise verderbt habe.

Fünfter Satz

Das größte Problem für die Menschengattung, zu dessen Auflösung die Natur ihn zwingt, ist die Erreichung einer allgemein das Recht verwaltenden bürgerlichen Gesellschaft. Da nur in der Gesellschaft und zwar derjenigen, die die größte Freiheit, mithin einen durchgängigen Antagonism ihrer Glieder und doch die genauste Bestimmung und Sicherung der Grenzen dieser Freiheit hat, damit sie mit der Freiheit anderer bestehen könne, – da nur in ihr die höchste Absicht der Natur, nämlich die Entwickelung aller ihrer Anlagen, in der Menschheit er- reicht werden kann, die Natur auch will, daß sie diesen so wie alle Zwecke ihrer Bestimmung sich selbst verschaffen solle: so muß eine Gesellschaft, in welcher Freiheit unter äußeren Gesetzen im größtmög- lichen Grade mit unwiderstehlicher Gewalt verbunden angetroffen wird, d.i. eine vollkommen gerechte bürgerliche Verfassung, die höchste Aufgabe der Natur für die Menschengattung sein, weil die Natur nur vermittelst der Auflösung und Vollziehung derselben ihre übrigen Absichten mit unserer Gattung erreichen kann. In diesen Zu- stand des Zwanges zu treten, zwingt den sonst für ungebundene Freiheit so sehr eingenommenen Menschen die Not; und zwar die größte unter allen, nämlich die, welche sich Menschen unter einander selbst zufügen, deren Neigungen es machen, daß sie in wilder Freiheit nicht lange neben einander bestehen können. Allein in einem solchen Gehege, als bürgerliche Vereinigung ist, tun eben dieselben Neigungen hernach die beste Wirkung: so wie Bäume in einem Walde eben dadurch, daß ein jeder dem andern Luft und Sonne zu benehmen sucht, einander nötigen beides über sich zu suchen und dadurch einen schönen geraden Wuchs bekommen; statt daß die, welche in Freiheit und von einander abgesondert ihre Äste nach Wohlgefallen treiben, krüppelig, schief und krumm wachsen. Alle Cultur und Kunst, welche die Menschheit ziert, die schönste gesellschaftliche Ordnung sind Früchte der Ungeselligkeit, die durch sich selbst genötigt wird sich zu disciplinieren und so durch abgedrungene Kunst die Keime der Natur vollständig zu entwickeln.

Sechster Satz

Dieses Problem ist zugleich das schwerste und das, welches von der Menschengattung am spätesten aufgelöset wird. Die Schwierigkeit, welche auch die bloße Idee dieser Aufgabe schon vor Augen legt, ist diese: der Mensch ist ein Tier, das, wenn es unter andern seiner Gattung lebt, einen Herrn nötig hat. Denn er mißbraucht gewiß seine Freiheit in Ansehung anderer Seinesgleichen; und ob er gleich als vernünftiges Geschöpf ein Gesetz wünscht, welches der Freiheit Aller Schranken setze: so verleitet ihn doch seine selbstsüchtige tierische Neigung, wo er darf, sich selbst auszunehmen. Er bedarf also einen Herrn, der ihm den eigenen Willen breche und ihn nötige, einem allgemeingültigen Willen, dabei jeder frei sein kann, zu gehorchen. Wo nimmt er aber diesen Herrn her? Nirgend anders als aus der Menschengattung. Aber dieser ist eben so wohl ein Tier, das einen Herrn nötig hat. Er mag es also anfangen, wie er will; so ist nicht abzusehen, wie er sich ein Oberhaupt der öffentlichen Gerechtigkeit verschaffen könne, das selbst gerecht sei; er mag dieses nun in einer einzelnen Person, oder in einer Gesellschaft vieler dazu auserlesener Personen suchen. Denn jeder derselben wird immer seine Freiheit mißbrauchen, wenn er keinen über sich hat, der nach den Gesetzen über ihn Gewalt ausübt. Das höchste Oberhaupt soll aber gerecht für sich selbst und doch ein Mensch sein. Diese Aufgabe ist daher die schwerste unter allen; ja ihre vollkommene Auflösung ist unmöglich; aus so krummem Holze, als woraus der Mensch gemacht ist, kann nichts ganz Gerades gezimmert werden. Nur die Annäherung zu dieser Idee ist uns von der Natur auferlegt [1]. Daß sie auch diejenige sei, welche am spätesten ins Werk gerichtet wird, folgt überdem auch daraus: daß hiezu richtige Begriffe

---

1 Die Rolle des Menschen ist also sehr künstlich. Wie es mit den Einwohnern anderer Planeten und ihrer Natur beschaffen sei, wissen wir nicht; wenn wir aber diesen Auftrag der Natur gut ausrichten, so können wir uns wohl schmeicheln, daß wir unter unseren Nachbaren im Weltgebäude einen nicht geringen Rang behaupten dürften. Vielleicht mag bei diesen ein jedes Individuum seine Bestimmung in seinem Leben völlig erreichen. Bei uns ist es anders; nur die Gattung kann dieses hoffen.

von der Natur einer möglichen Verfassung, große durch viel Weltläufe geübte Erfahrenheit und über alles ein zur Annehmung derselben vorbereiteter guter Wille erfordert wird; drei solche Stücke aber sich sehr schwer und, wenn es geschieht, nur sehr spät, nach viel vergeblichen Versuchen, einmal zusammen finden können.

Siebenter Satz

Das Problem der Errichtung einer vollkommnen bürgerlichen Verfassung ist von dem Problem eines gesetzmäßigen äußeren Staatsverhältnisses abhängig und kann ohne das letztere nicht aufgelöst werden. Was hilfts, an einer gesetzmäßigen bürgerlichen Verfassung unter einzelnen Menschen, d.i. an der Anordnung eines gemeinen Wesens, zu arbeiten? Dieselbe Ungeselligkeit, welche die Menschen hiezu nötigte, ist wieder die Ursache, daß ein jedes gemeine Wesen in äußerem Verhältnisse, d.i. als ein Staat in Beziehung auf Staaten, in ungebundener Freiheit steht, und folglich einer von dem andern eben die Übel erwarten muß, die die einzelnen Menschen drückten und sie zwangen in einen gesetzmäßigen bürgerlichen Zustand zu treten. Die Natur hat also die Unvertragsamkeit der Menschen, selbst der großen Gesellschaften und Staatskörper dieser Art Geschöpfe wieder zu einem Mittel gebraucht, um in dem unvermeidlichen Antagonism derselben einen Zustand der Ruhe und Sicherheit auszufinden; d.i. sie treibt durch die Kriege, durch die überspannte und niemals nachlassende Zurüstung zu denselben, durch die Not, die dadurch endlich ein jeder Staat selbst mitten im Frieden innerlich fühlen muß, zu anfänglich unvollkommenen Versuchen, endlich aber nach vielen Verwüstungen, Umkippungen und selbst durchgängiger innerer Erschöpfung ihrer Kräfte zu dem, was ihnen die Vernunft auch ohne so viel traurige Erfahrung hätte sagen können, nämlich: aus dem gesetzlosen Zustande der Wilden hinaus zu gehen und in einen Völkerbund zu treten; wo jeder, auch der kleinste Staat seine Sicherheit und Rechte nicht von eigener Macht, oder eigener rechtlichen Beurteilung, sondern allein von diesem großen Völkerbunde (Foedus Amphictyonum), von einer vereinigten Macht und von der Entscheidung nach Gesetzen des vereinigten Willens erwarten könnte. So schwärmerisch diese Idee auch zu sein scheint und als eine solche an einem Abbé von St. Pierre oder Rousseau verlacht worden (vielleicht, weil sie solche in der Ausführung zu nahe glaubten):

so ist es doch der unvermeidliche Ausgang der Not, worein sich Menschen einander versetzen, die die Staaten zu eben der Entschließung (so schwer es ihnen auch eingeht) zwingen muß, wozu der wilde Mensch eben so ungern gezwungen ward, nämlich: seine brutale Freiheit aufzugeben und in einer gesetzmäßigen Verfassung Ruhe und Sicherheit zu suchen. – Alle Kriege sind demnach so viel Versuche (zwar nicht in der Absicht der Menschen, aber doch in der Absicht der Natur), neue Verhältnisse der Staaten zu Stande zu bringen und durch Zerstörung, wenigstens Zerstückelung aller neue Körper zu bilden, die sich aber wieder entweder in sich selbst oder neben einander nicht erhalten können und daher neue, ähnliche Revolutionen erleiden müssen; bis endlich einmal teils durch die bestmögliche Anordnung der bürgerlichen Verfassung innerlich, teils durch eine gemeinschaftliche Verabredung und Gesetzgebung äußerlich ein Zustand errichtet wird, der, einem bürgerlichen gemeinen Wesen ähnlich, so wie ein Automat sich selbst erhalten kann.

Ob man es nun von einem epikurischen Zusammenlauf wirkender Ursachen erwarten solle, daß die Staaten, so wie die kleinen Stäubchen der Materie durch ihren ungefähren Zusammenstoß allerlei Bildungen versuchen, die durch neuen Anstoß wieder zerstört werden, bis endlich einmal von ungefähr eine solche Bildung gelingt, die sich in ihrer Form erhalten kann (ein Glückszufall, der sich wohl schwerlich jemals zutragen wird!); oder ob man vielmehr annehmen solle, die Natur verfolge hier einen regelmäßigen Gang, unsere Gattung von der unteren Stufe der Tierheit an allmählig bis zur höchsten Stufe der Menschheit und zwar durch eigene, obzwar dem Menschen abgedrungene Kunst zu führen, und entwickele in dieser scheinbarlich wilden Anordnung ganz regelmäßig jene ursprünglichen Anlagen; oder ob man lieber will, daß aus allen diesen Wirkungen und Gegenwirkungen der Menschen im Großen überall nichts, wenigstens nichts Kluges herauskomme, daß es bleiben werde, wie es von jeher gewesen ist, und man daher nicht voraus sagen könne, ob nicht die Zwietracht, die unserer Gattung so natürlich ist, am Ende für uns eine Hölle von Übeln in einem noch so gesitteten Zustande vorbereitete, indem sie vielleicht diesen Zustand selbst und alle bisherigen Fortschritte in der Cultur durch barbarische Verwüstung wieder vernichten werde (ein Schicksal, wofür man unter der Regierung der blinden Ungefährs nicht stehen kann, mit welcher gesetzlose Freiheit in der Tat einerlei ist, wenn man ihr nicht einen insgeheim an Weisheit geknüpften Leitfaden der Natur unterlegt!), das läuft ungefähr auf die Frage hinaus: ob es wohl vernünftig sei, Zweckmäßigkeit der Naturanstalt in Teilen und doch Zwecklosigkeit im Ganzen anzunehmen. Was also der zwecklose Zustand der Wilden tat, daß er nämlich alle Naturanlagen in unserer Gattung zurück hielt, aber endlich durch die Übel, worin er diese versetzte, sie nötigte, aus diesen Zustande hinaus und in eine bürgerliche Verfassung zu treten, in welcher alle jene Keime entwickelt werden können, das tut auch die barbarische Freiheit der schon gestifteten Staaten, nämlich: daß durch die Verwendung aller Kräfte der gemeinen Wesen auf Rüstungen gegen einander, durch die Verwüstungen, die der Krieg anrichtet, noch mehr aber durch die Notwendigkeit sich beständig in Bereitschaft dazu zu erhalten zwar die völlige Entwicklung der Naturanlagen in ihrem Fortgange gehemmt wird, dagegen aber auch die Übel, die daraus entspringen, unsere Gattung nötigen, zu dem an sich heilsamen Widerstande vieler Staaten neben einander, der aus ihrer Freiheit entspringt, ein Gesetz des Gleichgewichts auszufinden und eine vereinigte Gewalt, die demselben Nachdruck gibt, mithin einen weltbürgerlichen Zustand der öffentlichen Staatssicherheit einzuführen, der nicht ohne alle Gefahr sei, damit die Kräfte der Menschheit nicht einschlafen, aber doch auch nicht ohne ein Prinzip der Gleichheit ihrer wechselseitigen Wirkung und Gegenwirkung, damit sie einander nicht zerstören. Ehe dieser letzte Schritt (nämlich die Staatenverbindung) geschehen, also fast nur auf der Hälfte ihrer Ausbildung, erduldet die menschliche Natur die härtesten Übel unter dem betrüglichen Anschein äußerer Wohlfahrt; und Rousseau hatte so Unrecht nicht, wenn er den Zustand der Wilden vorzog, so bald man nämlich diese letzte Stufe, die unsere Gattung noch zu ersteigen hat, wegläßt. Wir sind im hohen Grade durch Kunst und Wissenschaft cultivirt. Wir sind civilisirt bis zum Überlästigen zu allerlei gesellschaftlicher Artigkeit und Anständigkeit. Aber uns schon für moralisirt zu halten, daran fehlt noch sehr viel. Denn die Idee der Moralität gehört noch zur Cultur; der Gebrauch dieser Idee aber, welcher nur auf das Sittenähnliche in der Ehrliebe und der äußeren Anständigkeit hinausläuft, macht blos die Civilisirung aus. So lange aber Staaten alle ihre Kräfte auf ihre eiteln und gewaltsamen Erweiterungsabsichten verwenden und so die langsame Bemühung der inneren Bildung der Denkungsart ihrer Bürger unaufhörlich hemmen, ihnen selbst auch alle Unterstützung in dieser Absicht entziehen, ist nichts von dieser Art zu erwarten: weil dazu eine lange innere Bearbeitung jedes gemeinen Wesens zur Bildung seiner Bürger erfordert wird. Alles Gute aber, das nicht auf moralisch-gute Gesinnung gepropft ist, ist nichts als lauter Schein und schimmerndes Elend. In diesem Zustande wird wohl das menschliche Geschlecht verbleiben, bis es sich auf die Art, wie ich gesagt habe, aus dem chaotischen Zustande seiner Staatsverhältnisse herausgearbeitet haben wird.

Achter Satz

Man kann die Geschichte der Menschengattung im Großen als die Vollziehung eines verborgenen Plans der Natur ansehen, um eine innerlich- und zu diesem Zwecke auch äußerlich-vollkommene Staatsverfassung zu Stande zu bringen, als den einzigen Zustand, in welchem sie alle ihre Anlagen in der Menschheit völlig entwickeln kann. Der Satz ist eine Folgerung aus dem vorigen. Man sieht: die Philosophie könne auch ihren Chiliasmus haben; aber einen solchen, zu dessen Herbeiführung ihre Idee, obgleich nur sehr von weitem, selbst beförderlich werden kann, der also nichts weniger als schwärmerisch ist. Es kommt nur darauf an, ob die Erfahrung etwas von einem solchen Gange der Naturabsicht entdecke. Ich sage: etwas Weniges; denn dieser Kreislauf scheint so lange Zeit zu erfordern, bis er sich schließt, daß man aus dem kleinen Teil, den die Menschheit in dieser Absicht zurückgelegt hat, nur eben so unsicher die Gestalt ihrer Bahn und das Verhältnis der Teile zum Ganzen bestimmen kann, als aus allen bisherigen Himmelsbeobachtungen den Lauf, den unsere Sonne samt dem ganzen Heere ihrer Trabanten im großen Fixsternsystem nimmt; obgleich doch aus dem allgemeinen Grunde der systematischen Verfassung des Weltbaues und aus dem Wenigen, was man beobachtet hat, zuverlässig genug, um auf die Wirklichkeit eines solchen Kreislaufs zu schließen. Indessen bringt es die menschliche Natur so mit sich: selbst in Ansehung der allerentferntesten Epoche, die unsere Gattung treffen soll, nicht gleichgültig zu sein, wenn sie nur mit Sicherheit erwartet werden kann. Vornehmlich kann es in unserem Falle um desto weniger geschehen, da es scheint, wir könnten durch unsere eigene vernünftige Veranstaltung diesen für unsere Nachkommen so erfreulichen Zeitpunkt schneller herbeiführen. Um deswillen werden uns selbst die schwachen Spuren der Annäherung desselben sehr wichtig. Jetzt sind die Staaten schon in einem so künstlichen Verhältnisse gegen einander, daß keiner in der inneren Cultur nachlassen kann, ohne gegen die andern an Macht und Einfluß zu verlieren; also ist, wo nicht der Fortschritt, dennoch die Erhaltung dieses Zwecks der Natur selbst durch die ehrsüchtigen Absichten derselben ziemlich gesichert. Ferner: bürgerliche Freiheit kann jetzt auch nicht sehr wohl angetastet werden, ohne den Nachteil davon in allen Gewerben, vornehmlich dem Handel, dadurch aber auch die Abnahme der Kräfte des Staats im äußeren Verhältnisse zu fühlen. Diese Freiheit geht aber allmählig weiter. Wenn man den Bürger hindert, seine Wohlfahrt auf alle ihm selbst beliebige Art, die nur mit der Freiheit anderer zusammen bestehen kann, zu suchen: so hemmt man die Lebhaftigkeit des durchgängigen Betriebs und hiemit wiederum die Kräfte des Ganzen. Daher wird die persönliche Einschränkung in seinem Tun und Lassen immer mehr aufgehoben, die allgemeine Freiheit der Religion nachgegeben; und so entspringt allmählich mit unterlaufendem Wahne und Grillen Aufklärung, als ein großes Gut, welches das menschliche Geschlecht sogar von der selbstsüchtigen Vergrößerungsabsicht seiner Beherrscher ziehen muß, wenn sie nur ihren eigenen Vorteil verstehen. Diese Aufklärung aber und mit ihr auch ein gewisser Herzensanteil, den der aufgeklärte Mensch am Guten, das er vollkommen begreift, zu nehmen nicht vermeiden kann, muß nach und nach bis zu den Thronen hinauf gehen und selbst auf ihre Regierungsgrundsätze Einfluß haben. Obgleich z.B. unsere Weltregierer zu öffentlichen Erziehungsanstalten und überhaupt zu allem, was das Weltbeste betrifft, für jetzt kein Geld übrig haben, weil alles auf den künftigen Krieg schon zum Voraus verrechnet ist: so werden sie doch ihren eigenen Vorteil darin finden, die obzwar schwachen und langsamen eigenen Bemühungen ihres Volkes in diesem Stücke wenigstens nicht zu hindern. Endlich wird selbst der Krieg allmählig nicht allein ein so künstliches, im Ausgange von beiden Seiten so unsicheres, sondern auch durch die Nachwehen, die der Staat in einer immer anwachsenden Schuldenlast (einer neuen Erfindung) fühlt, deren Tilgung unabsehlich wird, ein so bedenkliches Unternehmen, dabei der Einfluß, den jede Staatserschütterung in unserem durch seine Gewerbe so sehr verketteten Weltteil auf alle anderen Staaten tut, so merklich: daß sich diese, durch ihre eigene Gefahr gedrungen, obgleich ohne gesetzliches Ansehen, zu Schiedsrichtern anbieten und so alles von weitem zu einem künftigen großen Staatskörper anschicken, wovon die Vorwelt kein

Beispiel aufzuzeigen hat. Obgleich dieser Staatskörper für jetzt nur noch sehr im rohen Entwurfe dasteht, so fängt sich dennoch gleichsam schon ein Gefühl in allen Gliedern, deren jedem an der Erhaltung des Ganzen gelegen ist, an zu regen; und dieses gibt Hoffnung, daß nach manchen Revolutionen der Umbildung endlich das, was die Natur zur höchsten Absicht hat, ein allgemeiner weltbürgerlicher Zustand, als der Schoß, worin alle ursprünglichen Anlagen der Menschengattung entwickelt werden, dereinst einmal zu Stande kommen werde.

Neunter Satz

Ein philosophischer Versuch, die allgemeine Weltgeschichte nach einen Plane der Natur, der auf die vollkommene bürgerliche Vereinigung in der Menschengattung abziele, zu bearbeiten, muß als möglich und selbst für diese Naturabsicht beförderlich angesehen werden. Es ist zwar ein befremdlicher und dem Anscheine nach ungereimter Anschlag, nach einer Idee, wie der Weltlauf gehen müßte, wenn er gewissen vernünftigen Zwecken angemessen sein sollte, eine Geschichte abfassen zu wollen; es scheint, in einer solchen Absicht könnte nur ein Roman zu Stande kommen. Wenn man indessen annehmen darf: daß die Natur selbst im Spiele der menschlichen Freiheit nicht ohne Plan und Endabsicht verfahre, so könnte diese Idee doch wohl brauchbar werden; und ob wir gleich zu kurzsichtig sind, den geheimen Mechanism ihrer Veranstaltung zu durchschauen, so dürfte diese Idee uns doch zum Leitfaden dienen, ein sonst planloses Aggregat menschlicher Handlungen wenigstens im Großen als ein System darzustellen. Denn wenn man von der griechischen Geschichte – als derjenigen, wodurch uns jede andere ältere oder gleichzeitige aufbehalten worden, wenigstens beglaubigt werden muß [2] – anhebt; wenn man derselben Einfluß auf

2   Nur ein gelehrtes Publicum, das von seinem Anfange an bis zu uns ununterbrochen fortgedauert hat, kann die alte Geschichte beglaubigen. Über dasselbe hinaus ist alles terra incognita; und die Geschichte der Völker, die außer demselben lebten, kann nur von der Zeit angefangen werden, da sie darin eintraten. Dies geschah mit dem jüdischen Volk zur Zeit der Ptolemäer durch die griechische Bibelübersetzung, ohne welche man ihren isolierten Nachrichten wenig Glauben beimessen würde. Von da (wenn dieser Anfang vorerst gehörig ausgemittelt worden) kann man aufwärts ihren Erzählungen nachgehen. Und so mit allen üb-

die Bildung und Mißbildung des Staatskörpers des römischen Volks, das den griechischen Staat verschlang, und des letzteren Einfluß auf die Barbaren, die jenen wiederum zerstörten, bis auf unsere Zeit verfolgt; dabei aber die Staatengeschichte anderer Völker, so wie deren Kenntnis durch eben diese aufgeklärten Nationen allmählig zu uns gelangt ist, episodisch hinzuthut: so wird man einen regelmäßigen Gang der Verbesserung der Staatsverfassung in unserem Weltteile (der wahrscheinlicher Weise allen anderen dereinst Gesetze geben wird) entdecken. Indem man ferner allenthalben nur auf die bürgerliche Verfassung und deren Gesetze und auf das Staatsverhältnis Acht hat, in so fern beide durch das Gute, welches sie enthielten, eine Zeitlang dazu dienten, Völker (mit ihnen auch Künste und Wissenschaften) empor zu heben und zu verherrlichen, durch das Fehlerhafte aber, das ihnen anhing, sie wiederum zu stürzen, so doch, daß immer ein Keim der Aufklärung übrig blieb, der, durch jede Revolution mehr entwickelt, eine folgende noch höhere Stufe der Verbesserung vorbereitete: so wird sich, wie ich glaube, ein Leitfaden entdecken, der nicht bloß zur Erklärung des so verworrenen Spiels menschlicher Dinge, oder zur politischen Wahrsagerkunst künftiger Staatsveränderungen dienen kann (ein Nutzen, den man schon sonst aus der Geschichte der Menschen, wenn man sie gleich als unzusammenhängende Wirkung einer regellosen Freiheit ansah, gezogen hat!); sondern es wird (was man, ohne einen Naturplan vorauszusetzen, nicht mit Grunde hoffen kann) eine tröstende Aussicht in die Zukunft eröffnet werden, in welcher die Menschengattung in weiter Ferne vorgestellt wird, wie sie sich endlich doch zu dem Zustande empor arbeitet, in welchem alle Keime, die die Natur in sie legte, völlig können entwickelt und ihre Bestimmung hier auf Erden kann erfüllt werden. Eine solche Rechtfertigung der Natur – oder besser der Vorsehung – ist kein unwichtiger Bewegungsgrund, einen besonderen Gesichtspunkt der Weltbetrachtung zu wählen. Denn was hilfts, die Herrlichkeit und Weisheit der Schöpfung im vernunftlosen Naturreiche zu preisen und der Betrachtung zu empfehlen, wenn der Teil des großen Schauplatzes der obersten Weisheit, der von allem diesem den Zweck enthält, – die Geschichte des menschlichen Geschlechts – ein unaufhörlicher Einwurf dagegen bleiben soll, dessen

rigen Völkern. Das erste Blatt im Thukydides (sagt Hume) ist der einzige Anfang aller wahren Geschichte.

Anblick uns nötigt unsere Augen von ihm mit Unwillen wegzuwenden und, indem wir verzweifeln jemals darin eine vollendete vernünftige Absicht anzutreffen, uns dahin bringt, sie nur in einer andern Welt zu hoffen?

Daß ich mit dieser Idee einer Weltgeschichte, die gewissermaßen einen Leitfaden a priori hat, die Bearbeitung der eigentlichen bloß empirisch abgefaßten Historie verdrängen wollte: wäre Mißdeutung meiner Absicht; es ist nur ein Gedanke von dem, was ein philosophischer Kopf (der übrigens sehr geschichtskundig sein müßte) noch aus einem anderen Standpunkte versuchen könnte. Überdem muß die sonst rühmliche Umständlichkeit, mit der man jetzt die Geschichte seiner Zeit abfaßt, doch einen jeden natürlicher Weise auf die Bedenklichkeit bringen: wie es unsere späten Nachkommen anfangen werden, die Last von Geschichte, die wir ihnen nach einigen Jahrhunderten hinterlassen möchten, zu fassen. Ohne Zweifel werden sie die der ältesten Zeit, von der ihnen die Urkunden längst erloschen sein dürften, nur aus dem Gesichtspunkte dessen, was sie interessiert, nämlich desjenigen, was Völker und Regierungen in weltbürgerlicher Absicht geleistet oder geschadet haben, schätzen. Hierauf aber Rücksicht zu nehmen, imgleichen auf die Ehrbegierde der Staatsoberhäupter sowohl als ihrer Diener, um sie auf das einzige Mittel zu richten, das ihr rühmliches Andenken auf die späteste Zeit bringen kann: das kann noch überdem einen kleinen Bewegungsgrund zum Versuche einer solchen philosophischen Geschichte abgeben.

Die falsche Spitzfindigkeit der vier syllogistischen Figuren

§ 1. Allgemeiner Begriff von der Natur der Vernunftschlüsse

Etwas als ein Merkmal mit einem Dinge vergleichen heißt *urteilen*. Das Ding selber ist das Subjekt, das Merkmal das Prädikat. Die Vergleichung wird durch das Verbindungszeichen *ist* oder *sein* ausgedrückt, welches, wenn es schlechthin gebraucht wird, das Prädikat als ein Merkmal des Subjekts bezeichnet, ist es aber mit dem Zeichen der Verneinung behaftet, das Prädikat als ein dem Subjekt entgegen gesetztes Merkmal zu erkennen gibt. In dem erstern Fall ist das Urteil bejahend, im andern verneinend. Man verstehet leicht, daß, wenn man das Prädikat ein Merkmal nennet, dadurch nicht gesagt werde, daß ein Merkmal des Subjekts sei; denn dieses ist nur in bejahenden Urteilen also; sondern daß es als ein Merkmal von irgend einem Dinge angesehen werde, ob es gleich in einem verneinende Urteile dem Subjekte desselben widerspricht. So ist ein *Geist* das Ding das ich gedenke; *zusammengesetzt* ein Merkmal von irgend etwas; das Urteil, *ein Geist ist nicht zusammengesetzt*, stellt dieses Merkmal als widerstreitend dem Dinge selber vor.

Was ein Merkmal von dem Merkmale eines Dinges ist, das nennet man ein *mittelbares Merkmal* desselben. So ist *notwendig* ein unmittelbares Merkmal Gottes, *unveränderlich* aber ein Merkmal des Notwendigen und ein mittelbares Merkmal Gottes. Man siehet leicht: daß das unmittelbare Merkmal zwischen dem entfernten und der Sache selbst die Stelle eines *Zwischenmerkmals* (nota intermedia) vertrete, weil nur durch dasselbe das entfernte Merkmal mit der Sache selbst verglichen wird. Man kann aber auch ein Merkmal mit einer Sache durch ein Zwischenmerkmal verneinend vergleichen, dadurch daß man erkennet, daß etwas dem unmittelbaren Merkmal einer Sache widerstreite. *Zufällig* widerstreitet als ein Merkmal dem *Notwendigen*; notwendig aber ist ein Merkmal von *Gott*, und man erkennet also vermittelst eines Zwischenmerkmals, daß notwendig sein Gott widerspreche.

Nunmehro errichte ich meine Realerklärung von einem Vernunftschlusse. *Ein jedes Urteil durch ein mittelbares Merkmal ist ein Vernunft-*

schluß, oder mit andern Worten: er ist die Vergleichung eines Merkmals mit einer Sache vermittelst eines Zwischenmerkmals. Dieses Zwischenmerkmal (nota intermedia) in einem Vernunftschluß heißt auch sonsten der *mittlere Hauptbegriff* (terminus medius); welches die andere Hauptbegriffe sein, ist genugsam bekannt.

Um die Beziehung des Merkmals zu der Sache in dem Urteile, *die menschliche Seele ist ein Geist*, deutlich zu erkennen, bediene ich mich des Zwischenmerkmals *vernünftig*, so daß ich vermittelst desselben *ein Geist zu sein* als ein mittelbares Merkmal der menschlichen Seele ansehe. Es müssen notwendig hier drei Urteile vorkommen, nämlich:

1. ein Geist sein ist ein Merkmal des Vernünftigen
2. vernünftig ist ein Merkmal der menschlichen Seele
3. ein Geist sein ist ein Merkmal der menschlichen Seele, denn die Vergleichung eines entferneten Merkmals mit der Sache selbst ist nicht anders wie durch diese drei Handlungen möglich.

In der Form der Urteile würden sie so lauten: Alles Vernünftige ist ein Geist, die Seele des Menschen ist vernünftig, folglich ist die Seele des Menschen ein Geist. Dieses ist nun ein bejahender Vernunftschluß. Was die verneinenden anlangt, so fällt es eben so leicht in die Augen, daß, weil ich den Widerstreit eines Prädikats und Subjekts nicht jederzeit klar genug erkenne, ich mich, wenn ich kann, des Hülfsmittels bedienen müsse, meine Einsicht durch ein Zwischenmerkmal zu erleichtern. Setzet, man lege mir das verneinende Urteil vor: Die Dauer Gottes ist durch keine Zeit zu messen, und ich finde nicht, daß mir dieses Prädikat, so unmittelbar mit dem Subjekte verglichen, eine genugsam klare Idee des Widerstreits gebe, so bediene mich eines Merkmals, das ich mir unmittelbar in diesem Subjekte vorstellen kann, und vergleiche das Prädikat damit, und vermittelst desselben mit der Sache selbst. *Durch die Zeit meßbar sein* widerstreitet allem *Unveränderlichen, unveränderlich* aber ist ein Merkmal *Gottes*, also u.s.w. Dieses förmlich ausgedruckt würde so lauten: Nichts Unveränderliches ist meßbar durch die Zeit, die Dauer Gottes ist unveränderlich, folglich u.s.w.

§ 2. Von den obersten Regeln aller Vernunftschlüsse

Aus dem Angeführten erkennet man, daß die erste und allgemeine Regel aller bejahenden Vernunftschlüsse sei: *Ein Merkmal vom Merkmal ist ein Merkmal der Sache selbst* (nota notae est etiam nota rei ipsius);

von allen verneinenden: *Was dem Merkmal eines Dinges widerspricht, widerspricht dem Dinge selbst* (repugnans notae repugnat rei ipsi). Keine dieser Regeln ist ferner eines Beweises fähig. Denn ein Beweis ist nur durch einen oder mehr Vernunftschlüsse möglich, die oberste Formel aller Vernunftschlüsse demnach beweisen wollen würde heißen im Zirkel schließen. Allein daß diese Regeln den allgemeinen und letzten Grund aller vernünftigen Schlußart enthalten, erhellet daraus, weil diejenige, die sonst bis daher von allen Logikern vor die erste Regel aller Vernunftschlüsse gehalten worden, den einzigen Grund ihrer Wahrheit aus den unsrigen entlehnen müssen. Das dictum de omni, der oberste Grund aller bejahenden Vernunftschlüsse lautet also: Was von einem Begriff allgemein bejahet wird, wird auch von einen jeden bejahet, der unter ihm enthalten ist. Der Beweisgrund hievon ist klar. Derjenige Begriff, unter welchem andere enthalten sein, ist allemal als ein Merkmal von diesen abgesondert worden; was nun diesem Begriff zukommt, das ist ein Merkmal eines Merkmals, mithin auch ein Merkmal der Sachen selbst, von denen er ist abgesondert worden, d.i. er kommt denen niedrigen zu, die unter ihm enthalten sind. Ein jeder, der nur einigermaßen in logischen Kenntnissen unterwiesen ist, siehet leicht ein: daß dieses Dictum lediglich um dieses Grundes willen wahr sei und daß es also unter unserer ersten Regel stehe. Das dictum de nullo steht in eben solcher Verhältnis gegen unsere zweite Regel. Was von einem Begriffe allgemein verneinet wird, das wird auch von allen demjenigen verneinet, was unter demselben enthalten ist. Denn derjenige Begriff, unter welchem diese andere enthalten sind, ist nur ein von ihnen abgesondertes Merkmal. Was aber diesem Merkmal widerspricht, das widerspricht auch den Sachen selbst; folglich was den höhern Begriffen widerspricht, muß auch den niedrigen widerstreiten, die unter ihm stehen.

§ 3. Von reinen und vermischten Vernunftschlüssen

Es ist jedermann bekannt, daß es unmittelbare Schlüsse gebe, da aus einem Urteil die Wahrheit eines andern ohne einen Mittelbegriff unmittelbar erkannt wird. Um deswillen sind dergleichen Schlüsse auch keine Vernunftschlüsse; z. E. aus dem Satze: Eine jede Materie ist veränderlich, folgt gerade zu: was nicht veränderlich ist, ist nicht Materie. Die Logiker zählen verschiedene Arten solcher unmittelbaren Schlußfolgen, worunter ohne Zweifel die durch die logische Umkehrung, imgleichen durch die Kontraposition die vornehmsten sein.

Wenn nun ein Vernunftschluß nur durch drei Sätze geschieht, nach den Regeln die von jedem Vernunftschlusse nur eben vorgetragen worden, so nenne ich ihn einen reinen Vernunftschluß (ratiocinium purum); ist er aber nur möglich, indem mehr wie drei Urteile mit einander verbunden sind, so ist er ein vermengter Vernunftschluß (ratiocinium hybridum). Setzet nämlich, daß zwischen die drei Hauptsätze noch ein aus ihnen gefolgerter unmittelbarer Schluß müsse geschoben werden und also ein Satz mehr dazu komme, als ein reiner Vernunftschluß erlaubt, so ist es ratiocinium hybridum, z. E. gedenket euch, es schlösse jemand also:

> Nichts, was verweslich ist, ist einfach
> Mithin kein Einfaches ist verweslich
> Die Seele des Menschen ist einfach
> Also die Seele des Menschen ist nicht verweslich,

so würde er zwar keinen eigentlich zusammengesetzten Vernunftschluß haben, weil dieser aus mehreren Vernunftschlüssen bestehen soll, dieser aber enthält außer dem, was zu einem Vernunftschluß erfodert wird, nach einen unmittelbaren Schluß durch die Kontraposition und enthält vier Sätze.

Wenn aber auch wirklich nur drei Urteile ausgedrückt würden, allein die Folge des Schlußsatzes aus diesen Urteilen wäre nur möglich kraft einer erlaubten logischen Umkehrung, Kontraposition oder einer andern logischen Veränderung eines dieser Vorderurteile, so wäre gleichwohl der Vernunftschluß ein ratiocinium hybridum; denn es kommt hier gar nicht darauf an, was man sagt, sondern was man unumgänglich nötig hat, dabei zu denken, wenn eine richtige Schlußfolge soll vorhanden sein. Nehmet einmal an, in dem Vernunftschlusse

> Nichts Verwesliches ist einfach
> die Seele des Menschen ist einfach
> also die Seele des Menschen ist nicht verweslich

sei nur in so ferne eine richtige Folge, als ich durch eine ganz richtige Umkehrung des Obersatzes sagen kann: nichts Verwesliches ist einfach, folglich nichts Einfaches ist verweslich, so bleibt der Vernunftschluß immer ein vermischter Schluß, weil seine Schlußkraft auf der geheimen Dazufügung dieser unmittelbaren Folgerung beruhet, die man wenigstens in Gedanken haben muß.

§ 4. In der so genannten ersten Figur sind einzig und allein reine Vernunftschlüsse möglich, in den drei übrigen lediglich vermischte

Wenn ein Vernunftschluß unmittelbar nach einer von unsern zwei oben angeführten obersten Regeln geführt wird, so ist er jederzeit in 603 der ersten Figur. Die erste Regel heißt also: ein Merkmal B von einem Merkmal C einer Sache A ist ein Merkmal der Sache A selbst. Hieraus entspringen drei Sätze:

C hat zum Merkmal B
>   Was vernünftig ist (C) ist ein Geist (B)

A hat zum Merkmal C
>   Die menschl. Seele (A) ist vernünftig (C)

Also A hat z. Merkm. B
>   Also ist die menschl. Seele (A) ein Geist. (B)

Es ist sehr leicht, mehr ähnliche und unter andern auch auf die Regel der verneinenden Schlüsse anzuwenden, um sich zu überzeugen, daß, wenn sie diesen gemäß sind, sie jederzeit in der ersten Figur stehen, daß ich hier mit Recht eine ekelhafte Weitläuftigkeit zu verhüten suche. Man wird auch leichtlich gewahr, daß diese Regeln der Vernunftschlüsse nicht erfodern, daß außer diesen Urteilen irgend dazwischen eine unmittelbare Schlußfolge aus einem oder andern derselben müsse geschoben werden, wofern das Argument soll bündig sein, daher ist der Vernunftschluß in der ersten Figur von reiner Art.

In der zweiten Figur sind keine andre als vermischte Vernunftschlüsse möglich

Die Regel der zweiten Figur ist diese: Wem ein Merkmal eines Dinges widerspricht, das widerspricht dem Dinge selber. Dieser Satz ist nur darum wahr, weil dasjenige, dem ein Merkmal widerspricht, das widerspricht auch diesem Merkmal, was aber einem Merkmal widerspricht, widerstreitet der Sache selbst, also dasjenige, dem ein Merkmal einer Sache widerspricht, das widerstreitet der Sache selber. Hier ist nun offenbar, daß bloß deswegen, weil ich den Obersatz als einen verneinenden Satz schlechthin umkehren kann, eine Schlußfolge vermittelst des Untersatzes auf die Konklusion möglich ist. Demnach muß diese Umkehrung dabei geheim gedacht werden, sonst schließen meine Sätze 604 nicht. Der durch die Umkehrung herausgebrachte Satz aber ist eine eingeschobene unmittelbare Folge aus dem ersteren, und der Vernunftschluß hat vier Urteile, und ist ein ratiocinium hybridum, z. E. wenn ich sage,

> Kein Geist ist teilbar
> alle Materie ist teilbar
> folglich ist keine Materie ein Geist:

so schließe ich recht, nur die Schlußkraft steckt darin, weil aus dem ersten Satz, *kein Geist ist teilbar*, durch eine unmittelbare Folgerung fließt, *folglich nichts Teilbares ist ein Geist*, und nach diesem alles nach der allgemeinen Regel aller Vernunftschlüsse richtig folgt. Aber da nur kraft dieser daraus zu ziehenden unmittelbaren Folgerung eine Schlußfälligkeit in dem Argumente ist, so gehört dieselbe mit dazu und er hat vier Urteile,

> Kein Geist ist teilbar
> Und daher nichts Teilbares ist ein Geist
> Alle Materie ist teilbar
> Mithin keine Materie ist ein Geist.

In der dritten Figur sind keine andere als vermischte Vernunftschlüsse möglich

Die Regel der dritten Figur ist folgende: Was einer Sache zukommt oder widerspricht, das kommt auch zu oder widerspricht einigen, die unter einem andern Merkmale dieser Sache enthalten sind. Dieser Satz selber ist nur darum wahr, weil ich das Urteil, in welchem gesagt wird, daß ein anderes Merkmal dieser Sache zukommt (per conversionem logicam) umkehren kann, wodurch es der Regel aller Vernunftschlüsse gemäß wird. Es heißt z. E.

> Alle Menschen sind Sünder
> Alle Menschen sind vernünftig
> also einige Vernünftige sind Sünder.

Dieses schließt nur, weil ich durch eine Umkehrung per accidens aus dem Untersatz also schließen kann: folglich sind einige vernünftige Wesen Menschen, und alsdenn werden die Begriffe nach der Regel aller Vernunftschlüsse verglichen, aber nur vermittelst eines eingeschobnen unmittelbaren Schlusses, und man hat ein ratiocinium hybridum: 605

> Alle Menschen sind Sünder
> Alle Menschen sind vernünftig
> mithin einige Vernünftige sind Menschen
> also einige Vernünftige sind Sünder.

Eben dasselbe kann man sehr leicht in der verneinenden Art dieser Figur zeigen, welches ich um der Kürze willen weglasse.

In der vierten Figur sind keine andere wie vermischte Vernunftschlüsse möglich

Die Schlußart in dieser Figur ist so unnatürlich, und gründet sich auf so viel mögliche Zwischenschlüsse, die als eingeschoben gedacht werden müssen, daß die Regel, die ich davon allgemein vortragen könnte, sehr dunkel und unverständlich sein würde. Um deswillen will ich nur sagen, um welcher Bedingungen willen eine Schlußkraft darin liegt. In den verneinenden Arten dieser Vernunftschlüsse ist darum, weil ich entweder durch logische Umkehrung oder Kontraposition die Stellen der Hauptbegriffe verändern und also nach jedem Vordersatze seine unmittelbare Schlußfolge gedenken kann, so daß diese Schlußfolgen die Beziehung bekommen, die sie in einem Vernunftschlusse nach der allgemeinen Regel überhaupt haben müssen, eine richtige Folgerung möglich. Von den bejahenden aber werde ich zeigen, daß sie in der vierten Figur gar nicht möglich sein. Der verneinende Vernunftschluß nach dieser Figur wird, wie er eigentlich gedacht werden muß, sich auf folgende Art darstellen:

Kein Dummer ist gelehrt
folgl. *Kein Gelehrter ist dumm.*
Einige Gelehrte sind fromm
folgl. *Einige Fromme sind gelehrt*
also einige Fromme sind nicht dumm.

Es sei ein Syllogismus von der zweiten Art,
Ein jeder Geist ist einfach
alles Einfache ist unverweslich
also einiges Unverwesliche ist ein Geist.

Hier leuchtet deutlich in die Augen, daß das Schlußurteil, so wie es da steht, aus den Vordersätzen gar nicht fließen könne. Man vernimmt dieses gleich, so bald man den mittlern Hauptbegriff damit vergleicht. Ich kann nämlich nicht sagen, einiges Unverwesliche ist ein Geist, weil es einfach ist, denn darum, weil etwas einfach ist, ist es nicht sofort ein Geist. Ferner so können durch alle mögliche logische Veränderungen die Vordersätze nicht so eingerichtet werden, daß der Schlußsatz oder auch nur ein anderer Satz, aus welchem derselbe als eine unmittelbare Folge fließet, könnte hergeleitet werden, wenn nämlich nach der in allen Figuren einmal festgesetzten Regel die Hauptbegriffe ihre Stellen so haben sollen, daß der größere Hauptbegriff im Obersatz, der kleinere im Untersatze vorkomme.[1] Und obgleich, wenn ich die Stellen

1 Diese Regel gründet sich auf die synthetische Ordnung, nach welcher zuerst das entfernete und dann das nähere Merkmal mit dem Subjekte verglichen wird. Indessen wenn dieselbe gleich als bloß willkürlich angesehen würde, so wird sie doch unumgänglich nötig, so bald man vier Figuren haben will. Denn so bald es einerlei ist, ob ich das Prädikat der

der Hauptbegriffe gänzlich verändere, so, daß derjenige der kleinere wird, der vorher der größere war und umgekehrt, ein Schlußsatz, aus dem die gegebene Konklusion fließt, kann gefolgert werden, so ist doch alsdenn auch eine gänzliche Versetzung der Vordersätze nötig und der nach der vierte Figur enthaltene so genannte Vernunftschluß enthält wohl die Materialien, aber nicht die Form, wornach geschlossen werden soll, und ist gar kein Vernunftschluß nach der logischen Ordnung, in der allein die Einteilung der vier Figuren möglich ist, welches bei der verneinenden Schlußart in derselben Figur sich ganz anders befindet. Es wird nämlich so heißen müssen:

> Ein jeder Geist ist einfach
> alles Einfache ist unverweslich
> also ein jeder Geist ist unverweslich
> mithin einiges Unverwesliche ist ein Geist.

Dieses schließt ganz richtig, allein ein dergleichen Vernunftschluß ist von dem in der ersten Figur nicht durch eine andere Stelle des mittlern Hauptbegriffs unterschieden, sondern nur darin, daß die Stellen der Vordersätze verändert worden[2] und in dem Schlußsatze die Stellen der Hauptbegriffe. Darin besteht aber gar nicht die Veränderung der Figur. Einen Fehler von dieser Art findet man an dem angeführten Orte der Crusischen Logik, wo man durch diese Freiheit, die Stelle der Vordersätze zu verändern, geglaubt hat, in der vierten Figur und zwar natürlicher zu schließen. Es ist schade um die Mühe, die sich ein großer Geist gibt, an einer unnützen Sache bessern zu wollen. Man kann nur was Nützliches tun, wenn man sie vernichtigt.

Konklusion in den Obersatz oder Untersatz bringe, so ist die erste Figur von der vierten gar nicht unterschieden. Einen dergleichen Fehler findet man in Crusii Logik Seite 600 die Anmerk.

2 Denn wenn derjenige Satz der Obersatz ist, in dem das Prädikat der Konklusion vorkommt, so ist von der eigentlichen Konklusion, die hier aus den Vordersätzen unmittelbar fließt, der zweite Satz der Obersatz und der erste der Untersatz. Alsdenn ist aber alles nach der ersten Figur geschlossen, nur so, daß der aufgegebene Schlußsatz aus dem, welcher zunächst aus gedachten Urteilen folgt, durch eine logische Umkehrung gezogen wird.

§ 5. Die logische Einteilung der vier syllogistischen Figuren ist eine falsche Spitzfindigkeit

Man kann nicht in Abrede sein, daß in allen diesen vier Figuren richtig geschlossen werden könne. Nun ist aber unstreitig, daß sie alle, die erste ausgenommen, nur durch einen Umschweif und eingemengte Zwischenschlüsse die Folge bestimmen, und daß eben derselbe Schlußsatz aus dem nämlichen Mittelbegriffe in der ersten Figur rein und unvermengt abfolgen würde. Hier könnte man nun denken, daß darum die drei andere Figuren höchstens unnütze, nicht aber falsch wären. Allein wenn man die Absicht erwägt, in der sie erfunden worden, und noch immer vorgetragen werden, so wird man anders urteilen. Wenn es darauf ankäme, eine Menge von Schlüssen, die unter die Haupturteile gemengt wären, mit diesen so zu verwickeln, daß, indem einige ausgedruckt, andere verschwiegen würden, es viele Kunst kostete, ihre Übereinstimmung mit den Regeln zu schließen zu beurteilen, so würde man wohl eben nicht mehr Figuren, aber doch mehr rätselhafte Schlüsse, die Kopfbrechens genug machen könnten, noch dazu ersinnen können. Es ist aber der Zweck der Logik, nicht zu verwickeln, sondern aufzulösen, nicht verdeckt, sondern augenscheinlich etwas vorzutragen. Daher sollen diese vier Schlußarten einfach, unvermengt, und ohne verdeckte Nebenschlüsse sein, sonst ist ihnen die Freiheit nicht zugestanden, in einem logischen Vortrage als Formeln der deutlichsten Vorstellung eines Vernunftschlusses zu erscheinen. Es ist auch gewiß, daß bis daher alle Logiker sie vor einfache Vernunftschlüsse ohne notwendige Dazwischensetzung von andern Urteilen angesehen haben, sonst würde ihnen niemals dieses Bürgerrecht sein erteilt worden. Es sind also die übrige drei Schlußarten als Regeln der Vernunftschlüsse überhaupt richtig, als solche aber, die einen einfachen und reinen Schluß enthielten, falsch. Diese Unrichtigkeit, welche es zu einem Rechte macht, Einsichten verwickeln zu dürfen, anstatt daß die Logik zu ihren eigentümlichen Zwecke hat, alles auf die einfachste Erkenntnisart zu bringen, ist um desto größer, je mehr besondere Regeln (deren eine jede Figur etliche eigene hat) nötig sein, um bei diesen Seitensprüngen sich nicht selbst ein Bein unterzuschlagen. In der Tat wo jemals auf eine gänzlich unnütze Sache viel Scharfsinnigkeit verwandt, und viel scheinbare Gelehrsamkeit verschwendet worden ist, so ist diese. Die so genannte Modi, die in jeder Figur möglich sind, durch seltsame

Wörter angedeutet, die zugleich mit viel geheimer Kunst Buchstaben enthalten, welche die Verwandlung in die erste erleichtern, werden künftighin eine schätzbare Seltenheit von der Denkungsart des menschlichen Verstandes enthalten, wenn dereinst der ehrwürdige Rost des Altertums einer besser unterwiesnen Nachkommenschaft die emsige und vergebliche Bemühungen ihrer Vorfahren an diesen Überbleibseln wird bewundern und bedauren lehren.

Es ist auch leicht, die erste Veranlassung zu dieser Spitzfindigkeit zu entdecken. Derjenige so zuerst einen Syllogismus in drei Reihen übereinander schrieb, ihn wie ein Schachbrett ansahe, und versuchte, was aus der Versetzung der Stellen des Mittelbegriffs herauskommen möchte, der war eben so betroffen, da er gewahr ward, daß ein vernünftiger Sinn herauskam, als einer, der ein Anagramm im Namen findet. Es war eben so kindisch, sich über das eine wie über das andre zu erfreuen, vornehmlich da man darüber vergaß, daß man nichts Neues in Ansehung der Deutlichkeit, sondern nur eine Vermehrung der Undeutlichkeit aufbrächte. Allein es ist einmal das Los des menschlichen Verstandes so bewandt; entweder er ist grüblerisch und gerät auf Fratzen, oder erhaschet verwegen nach zu großen Gegenständen, und bauet Luftschlösser. Von dem großen Haufen der Denker wählt der eine die Zahl 666, der andere den Ursprung der Tiere und Pflanzen, oder die Geheimnisse der Vorsehung. Der Irrtum, darin beide geraten, ist von sehr verschiedenem Geschmack, so wie die Köpfe verschieden sein.

Die wissenswürdige Dinge häufen sich zu unsern Zeiten. Bald wird unsere Fähigkeit zu schwach, und unsere Lebenszeit zu kurz sein, nur den nützlichsten Teil daraus zu fassen. Es bieten sich Reichtümer im Überflusse dar, welche einzunehmen wir manchen unnützen Plunder wieder wegwerfen müssen. Es wäre besser gewesen, sich niemals damit zu belästigen.

Ich würde mir zu sehr schmeicheln, wenn ich glaubte, daß die Arbeit von einigen Stunden vermögend sein werde, den Kolossen umzustürzen, der sein Haupt in die Wolken des Altertums verbirgt, und dessen Füße von Ton sind. Meine Absicht ist nur, Rechenschaft zu geben, weswegen ich in dem logischen Vortrage, in welchem ich nicht alles meiner Einsicht gemäß einrichten kann, sondern manches dem herrschenden Geschmack zu Gefallen tun muß, in diesen Materien nur kurz sein werde, um die Zeit, die ich dabei gewinne, zur wirklichen Erweiterung nützlicher Einsichten zu verwenden.

Es gibt noch eine gewisse andere Brauchbarkeit der Syllogistik, nämlich vermittelst ihrer in einem gelehrten Wortwechsel dem Unbehutsamen den Rang abzulaufen. Da dieses aber zur Athletik der Gelehrten gehört, einer Kunst, die sonsten wohl sehr nützlich sein mag, nur daß sie nicht viel zum Vorteil der Wahrheit beiträgt, so übergehe ich sie hier mit Stillschweigen.

§ 6. Schlußbetrachtung

Wir sind demnach belehrt, daß die oberste Regeln aller Vernunftschlüsse unmittelbar auf diejenige Ordnung der Begriffe führe, die man die erste Figur nennet; daß alle andre Versetzungen des Mittelbegriffs nur eine richtige Schlußfolge geben, indem sie durch leichte unmittelbare Folgerungen auf solche Sätze führen, die in der einfältigen Ordnung der ersten Figur verknüpft sein; daß es unmöglich sei, in mehr wie in einer Figur einfach und unvermengt zu schließen, weil doch immer nur die erste Figur, die durch versteckte Folgerungen in einem Vernunftschlusse verborgen liegt, die Schlußkraft enthält und die veränderte Stellung der Begriffe nur einen kleinen oder großem Umschweif verursacht, den man zu durchlaufen hat, um die Folge einzusehen; und daß die Einteilung der Figuren überhaupt, in so fern sie reine und mit keinen Zwischenurteilen vermischte Schlüsse enthalten sollen, falsch und unmöglich sei. Wie unsere allgemeine Grundregeln aller Vernunftschlüsse zugleich die besondern Regeln der so genannten ersten Figur enthalten, imgleichen wie man aus dem gegebenen Schlußsatze und dem mittlern Hauptbegriffe sogleich einen jeden Vernunftschluß aus einer der übrigen Figuren ohne die unnütze Weitläuftigkeit der Reduktionsformeln in die erste und einfache Schlußart verändern könne, so daß entweder die Konklusion selber oder ein Satz, daraus diese durch unmittelbare Folgerung fließt) geschlossen wird, ist aus unserer Erläuterung so leicht abzunehmen, daß ich mich dabei nicht aufhalte.

Ich will diese Betrachtung nicht endigen, ohne einige Anmerkungen beigefügt zu haben, die auch anderweitig von erheblichen Nutzen sein könnten.

Ich sage demnach *erstlich*, daß ein *deutlicher* Begriff nur durch ein *Urteil*, ein *vollständiger* aber nicht anders als durch einen *Vernunft-*

schluß möglich sei. Es wird nämlich zu einem deutlichen Begriff erfodert, daß ich etwas als ein Merkmal eines Dinges klar erkenne, dieses aber ist ein Urteil. Um einen deutlichen Begriff vom Körper zu haben, stelle ich mir die Undurchdringlichkeit als ein Merkmal desselben klar vor. Diese Vorstellung aber ist nichts anders als der Gedanke, *ein Körper ist undurchdringlich.* Hiebei ist nur zu merken, daß dieses Urteil nicht der deutliche Begriff selber, sondern die Handlung sei, wodurch er wirklich wird; denn die Vorstellung, die nach dieser Handlung von der Sache selbst entspringt, ist deutlich. Es ist leicht zu zeigen, daß ein vollständiger Begriff nur durch einen Vernunftschluß möglich sei, man darf nur den ersten Parag. dieser Abhandlung nachsehen. Um deswillen könnte man einen deutlichen Begriff auch einen solchen nennen, der durch ein Urteil klar ist, einen vollständigen aber, der durch einen Vernunftschluß deutlich ist. Ist die Vollständigkeit vom ersten Grade, so ist der Vernunftschluß ein einfacher, ist sie vom zweiten oder dritten, so ist sie nur durch eine Reihe von Kettenschlüssen, die der Verstand nach der Art eines Sorites verkürzt, möglich. Hieraus erhellet auch ein wesentlicher Fehler der Logik, so wie sie gemeiniglich abgehandelt wird, daß von den deutlichen und vollständigen Begriffen eher gehandelt wird, wie von Urteilen und Vernunftschlüssen, obgleich jene nur durch diese möglich sein.

Zweitens eben so augenscheinlich wie es ist, daß zum vollständigen Begriffe keine andere Grundkraft der Seele erfodert werde, wie zum deutlichen (indem eben dieselbe Fähigkeit, die etwas unmittelbar als ein Merkmal in einem Dinge erkennet, auch in diesem Merkmale wieder ein anderes Merkmal vorzustellen, und also die Sache durch ein entferntes Merkmal zu denken gebraucht wird): eben so leicht fällt es auch in die Augen, daß *Verstand* und *Vernunft,* d.i. das Vermögen, deutlich zu erkennen, und dasjenige, Vernunftschlüsse zu machen, keine verschiedene Grundfähigkeiten sein. Beide bestehen im Vermögen zu urteilen; wenn man aber mittelbar urteilt, so schließt man.

Drittens ist hieraus auch abzunehmen, daß die obere Erkenntniskraft schlechterdings nur auf dem Vermögen zu urteilen beruhe. Demnach wenn ein Wesen urteilen kann, so hat es die obere Erkenntnisfähigkeit. Findet man Ursache, ihm diese letztere abzusprechen, so vermag es auch nicht zu urteilen. Die Verabsäumung solcher Betrachtungen hat einen berühmten Gelehrten veranlaßt, den Tieren deutliche Begriffe zuzustehn. Ein Ochs, heißt es, hat in seiner Vorstellung vom Stalle

612

doch auch eine klare Vorstellung von seinem Merkmale der Türe, also einen deutlichen Begriff vom Stalle. Es ist leicht, hier die Verwirrung zu verhüten. Nicht darin besteht die Deutlichkeit eines Begriffs, daß dasjenige, was ein Merkmal vom Dinge ist, klar vorgestellt werde, sondern daß es *als* ein Merkmal des Dinges erkannt werde. Die Türe ist zwar etwas zum Stalle Gehöriges, und kann zum Merkmal desselben dienen, aber nur derjenige, der das Urteil abfaßt: *diese Türe gehört zu diesem Stalle*, hat einen deutlichen Begriff von dem Gebäude, und dieses ist sicherlich über das Vermögen des Viehes.

Ich gehe noch weiter und sage: es ist ganz was anders, Dinge von einander *unterscheiden*, und den *Unterschied* der Dinge *erkennen*. Das letztere ist nur durch Urteilen möglich, und kann von keinem unvernünftigen Tiere geschehen. Folgende Einteilung kann von großem Nutzen sein. *Logisch unterscheiden* heißt erkennen, daß ein Ding A nicht B sei, und ist jederzeit ein verneinendes Urteil, *physisch unterscheiden* heißt durch verschiedene Vorstellungen zu verschiedenen Handlungen getrieben werden. Der Hund unterscheidet den Braten vom Brote, weil er anders vom Braten, als vom Brote gerührt wird (denn verschiedene Dinge verursachen verschiedne Empfindungen), und die Empfindungen vom erstem ist ein Grund einer andern Begierde in ihm als die vom letztem,[3] nach der natürlichen Verknüpfung seiner Triebe mit seinen Vorstellungen. Man kann hieraus die Veranlassung ziehen, dem wesentlicher Unterschiede der vernünftigen und vernunftlosen Tiere besser nachzudenken. Wenn man einzusehen vermag, was denn dasjenige für eine geheime Kraft sei, wodurch das Urteilen möglich wird, so wird man den Knoten auflösen. Meine jetzige Meinung geht dahin, daß diese Kraft oder Fähigkeit nichts anders sei als das Vermögen des innern Sinnes, d.i. seine eigene Vorstellungen zum Objekte seiner Gedanken zu machen. Dieses Vermögen ist nicht aus einem andern abzuleiten, es ist ein Grundvermögen im eigentlichen

<hr />

3 Es ist in der Tat von der äußersten Erheblichkeit, bei der Untersuchung der tierischen Natur hierauf acht zu haben. Wir werden an ihnen lediglich äußere Handlungen gewahr, deren Verschiedenheit unterschiedliche Bestimmungen ihrer Begierde anzeigt. Ob in ihrem Innern diejenige Handlung der Erkenntniskraft vorgeht, da sie sich der Übereinstimmung oder des Widerstreits desjenigen, was in einer Empfindung ist, mit dem, was in einer andern befindlich ist, bewußt sein und also urteilen, das folgt gar nicht daraus.

613

Verstande und kann, wie ich davor halte, bloß vernünftigen Wesen eigen sein. Auf demselben aber beruhet die ganze obere Erkenntniskraft. Ich schließe mit einer Vorstellung, die denenjenigen angenehm sein muß, welche das Vergnügen über die Einheit in dem menschlichen Erkenntnissen empfinden können. Alle bejahende Urteile stehen unter einer gemeinschaftlichen Formel, dem Satze der Einstimmung: Cuilibet subiecto competit praedicatum ipsi identicum, alle verneinende unter dem Satze des Widerspruchs: Nulli subiecto competit praedicatum ipsi oppositum. Alle bejahende Vernunftschlüsse sind unter der Regel enthalten: Nota notae est nota rei ipsius, alle verneinende unter dieser: Oppositum notae opponitur rei ipsi. Alle Urteile, die unmittelbar unter den Sätzen der Einstimmung oder des Widerspruchs stehen, das ist, bei denen weder die Identität noch der Widerstreit durch ein Zwischenmerkmal (mithin nicht vermittelst der Zergliederung der Begriffe), sondern unmittelbar eingesehen wird, sind unerweisliche Urteile, diejenige, wo sie mittelbar erkannt werden kann, sind erweislich. Die menschliche Erkenntnis ist voll solcher unerweislicher Urteile. Vor jeglicher Definition kommen deren etliche vor, so bald man, um zu ihr zu gelangen, dasjenige, was man zunächst und unmittelbar an einem Dinge erkennet, sich als ein Merkmal desselben vorstellt. Diejenige 614 Weltweise irren, die so verfahren, als wenn es gar keine unverwesliche Grundwahrheiten außer einem gebe. Diejenigen irren eben so sehr, die ohne genugsame Gewährleistung zu freigebig sind, verschiedene ihrer Sätze dieses Vorzugs zu würdigen. 615

Biographie

1724	*22. April:* In Königsberg wird Immanuel Kant als viertes Kind des Sattlers Johann Georg Cant und seiner Frau Anna Regina, geb. Reuter, geboren. Später ändert Kant die Schreibung seines Familiennamens, um ihn der deutschen Aussprache anzupassen.
1732	Der Schüler Kant besucht das Fridericianum in Königsberg.
1737	Tod der Mutter.
1740	*24. September:* Kant immatrikuliert sich an der Königsberger Universität.
1746	Tod des Vaters.
1747	Kant wird für einige Jahre Hauslehrer in Judtschen und Arnsdorf. »Gedanken von der wahren Schätzung der lebendigen Kräfte«.
1754	»Ob die Erde in ihrer Umdrehung usw. einige Veränderung erlitten habe«. »Die Frage, ob die Erde veralte, physikalisch erwogen«.
1755	*12. Juni:* Kant promoviert zum Magister mit der Abhandlung »De igne«. *27. September:* Er habilitiert sich mit der Abhandlung »Principiorum primorum cognitionis metaphysicae nova dilucidatio«. »Allgemeine Naturgeschichte und Theorie des Himmels«.
1756	Drei Abhandlungen über das Erdbeben von Lissabon. *8. April:* Kant bewirbt sich um die vakante Professur Knutzens. *10. April:* Kant disputiert über seine Schrift »Mona dologia physica«. *25. April:* »Neue Anmerkungen zur Erläuterung der Theorie der Winde« (Universitäts-Programm).
1758	Kant bewirbt sich um die vakante Professur Kypkes.
1760	»Gedanken bei dem frühzeitigen Ableben des Herrn Johann Friedrich Funk«.
1762	»Die falsche Spitzfindigkeit der vier syllogistischen Figuren erwiesen«.

1763	»Der einzig mögliche Beweisgrund zu einer Demonstration des Daseins Gottes«.

1763 »Der einzig mögliche Beweisgrund zu einer Demonstration des Daseins Gottes«.

»Versuch den Begriff der negativen Größen in die Weltweisheit einzuführen«.

1764 »Beobachtungen über das Gefühl des Schönen und Erhabenen«.

»Versuch über die Krankheiten des Kopfes«.

»Untersuchungen über die Deutlichkeit der Grundsätze der natürlichen Theologie und der Moral« erscheint als Preisschrift der Berliner Akademie.

Kant rezensiert Silberschlags Schrift »Theorie der Feuerkugel«.

1765 Lambert und Mendelssohn beginnen einen Briefwechsel mit Kant.

1766 Kant wird Sub-Bibliothekar an der Schloß-Bibliothek.

»Träume eines Geistersehers, erläutert durch Träume der Metaphysik«.

1768 »Von dem ersten Grunde des Unterschiedes der Gegenden im Raume«.

1769 Kant erhält einen Ruf nach Erlangen und lehnt ihn ab.

1770 Kant erhält einen Ruf nach Jena, den er auch ablehnt.

31. März: Kant wird zum ordentlichen Professor der Logik und Metaphysik an der Königsberger Universität ernannt. Die Inaugural-Dissertation hat den Titel »De mundi sensibilis atque intelligibilis forma et principiis« (»Über die Form und die Prinzipien der sinnlichen und der intelligiblen Welt«). Am 21. 8. wird sie verteidigt. Es handelt sich bei dieser Schrift um die vorweggenommene Raum- und Zeitlehre der elf Jahre später erscheinenden »Kritik der reinen Vernunft«.

Kant beginnt mit der Arbeit an der »Kritik der reinen Vernunft«.

1771 A. v. Zedlitz, dem Kant seine »Kritik der reinen Vernunft« widmet, wird Unterrichtsminister in Preußen.

Es erscheint die Rezension von Moscatis »Von dem Unterschiede zwischen der Struktur der Tiere und Menschen«.

1775 »Von den verschiedenen Rassen der Menschen«.

1776/77 Zwei Aufsätze über das Dessauer Philantropin erscheinen in der Königsberger Zeitung.

1778 Kant lehnt einen Ruf nach Halle/Saale ab.

1781 Die »Kritik der reinen Vernunft« erscheint.

In diesem Werk geht es vor allem um die Kritik an den vermeintlichen Erkenntnissen der den Bereich der Erfahrung transzendierenden reinen Vernunft, die ausschließlich in praktischer Hinsicht gesetzgebend sein soll, was dann von Kant in der sich anschließenden »Grundlegung zur Metaphysik der Sitten« und der »Kritik der praktischen Vernunft« weiter ausgeführt wird. Darüber hinaus hat Kant mit diesem Buch die reine Mathematik begründet und die die Welt der Erscheinungen einer theoretischen Erklärung zuführende Naturwissenschaft mit den ihr zugrundeliegenden Bedingungen bekannt gemacht.

1782 Anzeige des Lambertschen Briefwechsels.

1783 Es erscheinen die »Prolegomena zu einer jeden künftigen Metaphysik, die als Wissenschaft wird auftreten können«. Dabei handelt es sich um eine kürzere und weniger schwierige Schrift, die gleichwohl die Hauptgedanken der »Kritik der reinen Vernunft« enthält.
Kant rezensiert Schulz` »Anleitung zur Sittenlehre«.
Der Philosoph kauft sich ein eigenes Haus.

1784 »Idee zu einer allgemeinen Geschichte in weltbürgerlicher Absicht«.
»Beantwortung der Frage: Was ist Aufklärung?« Hier steht die berühmte Definition: »Aufklärung ist der Ausgang des Menschen aus seiner selbstverschuldeten Unmündigkeit.«

1785 Kant rezensiert Herders »Ideen«.
»Über die Vulkane im Monde«.
»Von der Unrechtmäßigkeit des Büchernachdrucks«.
»Über die Bestimmung des Begriffs einer Menschenrasse«.
»Grundlegung zur Metaphysik der Sitten«.
Es beginnt der Streit zwischen Mendelssohn und Jacobi über Lessings Spinozismus.

1786 »Mutmaßlicher Anfang der Menschengeschichte«.
»Metaphysische Anfangsgründe der Naturwissenschaft«.
Kant wird zum erstenmal Rektor.
Im August stirbt Friedrich II.

Kant rezensiert Hufelands »Grundsatz des Naturrechts«.

Es erscheinen Bemerkungen zu Jakobs »Prüfung der Mendelssohnschen ›Morgenstunden‹«

»Was heißt: ›Sich im Denken orientieren‹?«

Im Dezember wird Kant auswärtiges Mitglied der Berliner Akademie der Wissenschaften.

K. L. Reinholds »Briefe über die Kantische Philosophie« erscheinen.

1787   Die »Kritik der reinen Vernunft« erscheint in einer »Zweyten hin und wieder verbesserten Auflage«, für die Kant die von ihm selbst für »dunkel« gehaltenen Passagen – vor allem der »Deduktion der Verstandesbegriffe«, der »Beweise der Grundsätze des reinen Verstandes« und der »Paralogismen« der »rationalen Psychologie« – einer auf größere Klarheit bedachten Überarbeitung unterzogen hat. Gleichzeitig tritt er mit der Überarbeitung dem Mißverständnis entgegen, als handle es sich bei der »transzendentalen« oder »kritischen« um eine rein »idealistische« Methode. Fortan, vor allem jedoch im 19. Jahrhundert bei Schopenhauer, wird die 2. Auflage der »Kritik der reinen Vernunft« für die eigentlich nicht mehr authentische Variante Kantischen Philosophierens gehalten, gegen die auf den eigentlichen, nämlich idealistischen Kant der 1. Auflage zurückzugehen sei. Diese z. B. von Schopenhauer vorgenommene Ehrenrettung des 1781er Kant haben sich dann auch die Herausgeber der Sämmtlichen Werke Kants, K. Rosenkranz und F. W. Schubert einleuchten lassen; sie berücksichtigten in ihrer Kant-Ausgabe lediglich die erste Auflage der »Kritik der reinen Vernunft« und trugen so das Ihre dazu bei, Kant zur – idealistischen – Berufungsinstanz im Materialismusstreit des 19. Jahrhunderts zu machen.

1788   Die »Kritik der praktischen Vernunft« erscheint.

»Über den Gebrauch teleologischer Prinzipien in der Philosophie«.

Kant wird zum zweitenmal Rektor.

9. Juli: Das Wöllnersche Religionsedikt tritt in Kraft.

19. Dezember: Neues Zensuredikt.

1790   Die »Kritik der Urteilskraft« erscheint. Dabei handelt es sich einerseits um die Begründung des reinen (formalen) Geschmacksurteils und andererseits um Überlegungen zum – regulativen – Wert teleologischer Prinzipien für die Beurteilung organischer Prozesse.

»Über Schwärmerei und die Mittel dagegen«.

1791   »Über das Mißlingen aller philosophischen Versuche in der Theodicee«.

1792   *5. März:* Ein neues schärferes Zensuredikt tritt in Preußen in Kraft.

Die Fortsetzung der Abhandlung »Über das radikale Böse« wird verboten.

1793   »Die Religion innerhalb der Grenzen der bloßen Vernunft«.

»Über den Gemeinspruch: Das mag in der Theorie richtig sein, taugt aber nicht für die Praxis«.

1794   »Etwas über den Einfluß des Mondes auf die Witterung«.

»Das Ende aller Dinge«.

Juni: Kant beginnt einen Briefwechsel mit Schiller, der bis März 1795 andauert.

1. Oktober: Kant wird durch die Königliche Kabinettsorder ermahnt.

1795   »Zum ewigen Frieden«.

1796   Anhang zu Sömmerings Schrift »Über das Organ der Seele«.

»Von einem neuerdings erhobenen vornehmen Ton in der Philosophie«.

23. Juli: Kant hält seine letzte Vorlesung über Logik.

»Ausgleichung eines auf Mißverstand beruhenden mathematischen Streits«.

1797   »Metaphysische Anfangsgründe der Rechtslehre«.

14. Juni: Es findet eine Abschiedsehrung Kants durch die Königsberger Studentenschaft statt.

»Verkündigung des nahen Abschlusses eines Traktats zum ewigen Frieden in der Philosophie«.

»Metaphysische Anfangsgründe der Tugendlehre«.

»Über ein vermeintes Recht, aus Menschenliebe zu lügen«

10. November: Friedrich Wilhelm II. stirbt und Friedrich Wilhelm III. besteigt den Thron.

1798   »Der Streit der Fakultäten«.

»Anthropologie in pragmatischer Hinsicht«.

»Über die Buchmacherei«.

1799 Kant erklärt sich gegen Fichtes am formallogischen Satz der Identität orientierte und insofern zum Scheitern verurteilte Begründungsversuche der Philosophie.

1800 Letzte schriftstellerische Äußerungen Kants sind eine vom 14. Januar datierte kurze Vorrede zu der Schrift seines späteren Biographen R. B. Jachmann »Prüfung der Kantischen Religionsphilosophie in Hinsicht auf die ihr beygelegte Aehnlichkeit mit dem reinen Mystizism«, außerdem eine Nachschrift zu Mielckes »Littauisch-deutsches und Deutsch-littauisches Wörterbuch«.

Kants von Jäsche herausgegebenes Handbuch der Logik erscheint.

1802 Es erscheint die »Physische Geographie«, herausgegeben von Rink.

1803 »Über Pädagogik«, ebenfalls v. Rink herausgegeben.

1804 *11. Februar:* Kant stirbt um elf Uhr vormittags.

28. Februar: Begräbnis.

23. April: Gedächtnisfeier der Universität.

Kants 1790 geschriebene Preisschrift »Über die Fortschritte der Metaphysik seit Leibniz und Wolf« wird von Rink herausgegeben.